Curso

*La diferencia entre aprobar
y sacar plaza*

Auxiliar de Administración General

AYUNTAMIENTO DE MARBELLA

Si aún no dispones de tu **Curso MAD360**, te ofrecemos un acceso GRATIS de 30 días para que disfrutes de los siguientes recursos:

- Técnicas de Memoria 360.
- MADTEST: Test *online* Nivel PRO.
- Temario en formato digital.
- Vídeos.
- Esquemas.
- Planificación de estudio.
- Foro entre opositores hasta la fecha del examen.*
- Recursos y novedades exclusivas.
- Consúltanos sobre tu oposición y proceso selectivo.
- Actualizaciones legislativas (Boletines Oficiales) hasta 60 días antes de la fecha del examen.*

Para acceder a esta prueba del Curso MAD360** será necesaria la compra de todos los libros para esta especialidad de la edición 2026.

Regístrate en **mad.es/iniciar-sesion** y, en la pestaña **MIS CURSOS**, valida los códigos que encontrarás en la última página de tus libros. Recuerda que dispones de un plazo de **45 días desde la fecha de compra** para realizar la validación. Si no verificas tu matrícula, el periodo de uso del curso comenzará a contar aunque no hayas accedido.

NOTA IMPORTANTE:

* Examen de esta categoría profesional correspondiente a la convocatoria publicada en el BOP de Málaga n.º 47, de 10 de marzo de 2026, o hasta el 30 de abril de 2027, lo que se cumpla antes, y previa renovación del servicio.

** El acceso al CURSO MAD360 estará disponible desde abril de 2026 (algunos recursos podrían estar disponibles en fecha posterior). Tendrá una duración de 30 días RENOVABLES mediante pago, desde la validación de códigos, o hasta el 31 de octubre de 2027, lo que se cumpla antes.

MAD se reserva el derecho a ampliar dichas fechas.

Auxiliar de Administración General del Ayuntamiento de Marbella

Abril, 2026

Auxiliar de Administración General del Ayuntamiento de Marbella

Test del Temario

Autores

FRANCISCO JESÚS TORRES FONSECA
Licenciado en Derecho

LIDIA PONCE MARTÍNEZ
Licenciada en Psicología

ENCARNA ROJO FRANCO
Redactora Senior
Oposicions i Cursos Professionals

SERGIO JIMENO MOLINS
Ingeniero Superior en Telecomunicaciones
Profesor de Educación Secundaria Obligatoria y Bachillerato

CARLOS TOJEIRO ALCALÁ
Ingeniero Informático
Titulado MCP de Microsoft

© 7 Editores Recursos para la Cualificación Profesional y el Empleo, S.L. (7 Editores)
© Los autores
Primera edición, abril 2026 (160 páginas)
Derechos de edición reservados a favor de 7 Editores
IMPRESO EN ESPAÑA
Diseño Portada: 7 Editores
Edita: 7 Editores
Avda. San Francisco Javier, 9 · Edificio Sevilla 2 · Planta 11 · Módulos 25-27 · 41018 Sevilla
Teléfono: 954 784 411 · WEB: www.mad.es · e-mail: administracion@7editores.com
ISBN: 979-13-702-8890-7

Índice

MATERIAS COMUNES

Test n.º 1. La Constitución Española de 1978. Estructura. Características generales, estructura y contenido. Principios que informan la Constitución de 1978. Derechos fundamentales y Libertades Públicas. El Tribunal Constitucional.. 13

Test n.º 2. La Corona: carácter, sucesión, proclamación y funciones.......... 19

Test n.º 3. Las Cortes Generales. Concepto, elementos, funcionamiento y funciones normativas. El Gobierno: concepto, integración, cese, responsabilidad, funciones, deberes y regulación... 23

Test n.º 4. La Administración Pública en el ordenamiento jurídico español. Tipología de los Entes Públicos. Las Administraciones del Estado, autonómica, local e institucional.. 27

Test n.º 5. Las Comunidades Autónomas: constitución y competencias. Competencias del Estado y de las Comunidades Autónomas: Introducción al Estatuto de Autonomía para Andalucía, y su sistema de distribución de competencias... 31

Test n.º 6. Fuentes del Derecho Público: enumeración y principios. La jerarquía de las fuentes. Fuentes escritas: Leyes y Reglamentos..................... 35

MATERIAS ESPECÍFICAS

Test n.º 7. El Régimen Local español. Concepto de Régimen Local español. Concepto de Administración Local, evolución del Régimen Local. Principios constitucionales y regulación jurídica. La Administración Local: Entidades que la integran. Regulación actual.. 41

Test n.º 8. El Municipio: evolución, concepto, elementos esenciales, denominación y cambio de nombre de los municipios. El Término municipal: concepto, caracteres, alteración del término municipal. La población: concepto. El empadronamiento: regulación, concepto................................ 45

Test n.º 9. Organización municipal: concepto. Clases de órganos. Órganos de régimen común. Competencias: concepto y clases. Título X de la Ley 7/1985, de 2 de abril, reguladora de las Bases del Régimen Local....... 51

Test n.º 10. La Provincia: evolución, elementos esenciales. Competencias de la provincia. Organización provincial y competencias de los órganos .. 57

Test n.º 11. Haciendas locales. Clasificación de los recursos. Conceptos generales. Potestad tributaria de los Entes locales. Fases de la potestad tributaria . Fiscalidad de las Haciendas locales. Clasificación de los ingresos. Ordenanzas Fiscales. Tramitación de las Ordenanzas y acuerdos. Contenido. Entrada en vigor 63

Test n.º 12. La Ley 31/1995, de 8 de noviembre, Prevención de Riesgos Laborales: Objeto y ámbito de aplicación. Nociones básicas de Seguridad e Higiene en el Trabajo 69

Test n.º 13. La Ley Orgánica 3/2018, de 5 de diciembre, de Protección de datos de carácter personal y garantía de los derechos digitales. Reglamento general de protección de datos 75

Test n.º 14. Normativa estatal, autonómica y local en materia de igualdad: La obligación administrativa de empleo de un lenguaje inclusivo. Definición de acoso sexual y acoso por razón de sexo. Presupuestos con enfoque de género 81

Test n.º 15. Normativa estatal y autonómica en materia de violencia de género: La ampliación del concepto de víctima en la normativa andaluza y derechos de las víctimas de violencia de género 87

Test n.º 16. Los actos administrativos: concepto y clases. Motivación y notificación. Eficacia y validez de los actos. Principios generales del procedimiento administrativo: concepto y clases. Fases del procedimiento común: principios y normas reguladoras. Días y horas hábiles. Cómputo de plazos 93

Test n.º 17. Recursos administrativos: concepto, clases, interposición, objeto, fin de la vía administrativa, interposición, suspensión de la ejecución, audiencia al interesado, resolución. Recurso de alzada, recurso potestativo de reposición y recurso Extraordinario de revisión; Objeto, interposición y plazos 99

Test n.º 18. Ordenanzas y Reglamentos de las Entidades Locales. Clases. Procedimiento de elaboración y aprobación 105

Test n.º 19. Funcionamiento de los órganos colegiados locales. Convocatoria y orden del día. Requisitos de constitución. votaciones. Actas y certificados de acuerdos 109

Test n.º 20. El registro de entrada y salida de documentos. La presentación de instancias y documentos en las oficinas públicas. La informatización de los registros. Comunicaciones y notificaciones. El Archivo. Clases de archivos. Principales criterios de ordenación. El derecho de los ciudadanos al acceso a archivos y registros 113

Test n.º 21. Los Presupuestos locales: concepto. Principio de estabilidad presupuestaria. Contenido del presupuesto general. Anexos del presupuesto general. Estructura presupuestaria. Formación y aprobación. Entrada en vigor. Ejercicio presupuestario. Liquidación. Modificaciones presupuestarias 119

Test n.º 22. La Función pública local y su organización: ideas generales. Concepto de funcionario. Clases. El personal laboral al servicio de las Entidades locales. Régimen jurídico. Personal eventual. Derechos y deberes de los Funcionarios públicos locales. Régimen disciplinario. Derecho de sindicación. La Función Pública en Andalucía 127

Test n.º 23. Los Bienes de las Entidades locales: concepto, clases. Bienes de dominio público local. Bienes patrimoniales locales, enajenación, cesión y utilización 133

Test n.º 24. Los Contratos del Sector Público. Clases. Especial regulación en el ámbito local: Competencias en materia de contratación en las Entidades Locales. Normas específicas de contratación pública en las Entidades Locales... 137

Test n.º 25. Formas de la acción administrativa: Fomento. Policía. Servicio Público. Clasificación. Procedimiento de concesión de licencias: concepto y caracteres. Actividades sometidas a licencia. Procedimiento. Efectos. La responsabilidad de la Administración 143

Test n.º 26. La ley 19/2013, de 9 de Diciembre, de transparencia, acceso a la información pública y buen gobierno. Publicidad activa. Derecho de acceso a la información pública. Ejercicio del derecho de acceso a la información pública y límites al derecho de acceso. Referencia a la ley 1/2014, de 24 de junio, de transparencia publica de Andalucía 149

Test n.º 27. Informática básica: conceptos fundamentales sobre hardware y software. Sistemas operativos (especial referencia a Windows). Sistemas ofimáticos. Procesadores de texto y hojas de cálculo (especial referencia a Microsoft Word y Excel). Internet, Portal interno y correo electrónico........... 155

MATERIAS COMUNES

TEST N.º 1

La Constitución Española de 1978. Estructura. Características generales, estructura y contenido. Principios que informan la Constitución de 1978. Derechos fundamentales y Libertades Públicas. El Tribunal Constitucional

1. El artículo 10 de la Constitución Española contempla:

a) Que la dignidad de la persona es fundamento del orden político y de la paz social.
b) El primero de los derechos fundamentales contenidos en la misma.
c) La prohibición de lesión a la persona física.
d) La interpretación de la Declaración Universal de Derechos Humanos conforme a la Constitución Española.

2. ¿Cuál de los siguientes no se especifica en el artículo 10.1 como fundamento del orden político y la paz social?

a) La dignidad de la persona.
b) Los derechos inviolables de la persona.
c) La seguridad jurídica.
d) El libre desarrollo de la personalidad.

3. En relación con la dignidad de la persona:

a) En realidad, la Constitución solamente la reconoce a la persona en tanto que ciudadana.
b) Puede verse alterada, jurídicamente hablando, atendiendo a la situación en que la persona se encuentre.
c) No admite grados.
d) Es renunciable y disponible.

4. El artículo 10 de la Constitución Española:

a) No reconoce el valor de los Tratados Internacionales, dándole el máximo y único valor a la Constitución.
b) Dispone que los tratados y acuerdos ratificados por España sirven de parámetro interpretativo de los derechos y libertades establecidos en la Constitución.

c) Reconoce únicamente validez, en relación con los derechos humanos, a la Declaración Universal de Derechos Humanos.

d) Establece que los Tratados Internacionales ratificados por España se situarán en una posición superior en la jerarquía normativa respecto de la Constitución.

5. De la Constitución se desprende que:

a) Los derechos y libertades establecidos en Tratados internacionales no tienen valor.

b) Los derechos y libertades establecidos en Tratados internacionales tienen rango constitucional.

c) Los derechos y libertades establecidos en Tratados internacionales tienen rango constitucional únicamente en la medida en que también estén reconocidos en la Constitución Española.

d) Los derechos reconocidos en Tratados internacionales tienen eficacia directa, por este hecho, en los tribunales españoles, aunque no hayan estado ratificados por el Estado español.

6. En relación con la nacionalidad española:

a) La Constitución establece que solamente se puede adquirir por nacimiento.

b) Se adquiere únicamente por nacimiento, no obstante, un extranjero puede optar a la residencia.

c) Se puede adquirir.

d) Nunca se puede perder.

7. En base a la Constitución Española:

a) Un español nunca puede perder su nacionalidad.

b) Ningún español de origen podrá ser privado de su nacionalidad.

c) La nacionalidad siempre se conserva.

d) No se admite la doble nacionalidad de un español.

8. En relación con la doble nacionalidad:

a) La Constitución Española no la permite.

b) El Estado puede concertar tratados de doble nacionalidad con los países iberoamericanos o con aquellos que hayan tenido o tengan una particular vinculación con España.

c) Solamente se puede reconocer en relación con la nacionalidad de otros países europeos.

d) Solamente se puede reconocer en relación con antiguos países que formaban parte de la Corona española.

9. ¿Cuál de las siguientes afirmaciones es falsa?

a) No es la primera vez que una Constitución Española regula aspectos relacionados con la nacionalidad.

b) La Constitución Española no es la única a nivel mundial que contiene regulación respecto de la nacionalidad de los ciudadanos del Estado.

c) En la Constitución se desarrollan las formas de adquisición, conservación y pérdida de la nacionalidad española, dada su importancia.

d) La nacionalidad es una cualidad jurídica de la persona.

10. En base al artículo 12 de la Constitución Española:

a) Los españoles se pueden emancipar a los dieciocho años.

b) Los españoles se pueden emancipar a los dieciséis años.

c) Los españoles son mayores de edad a los dieciocho años.

d) Los españoles son mayores de edad a los veintiún años.

11. Indica la respuesta incorrecta:

a) Que la Constitución establezca cuál es la edad de obtención de la mayoría de edad no implica que, por causa justificada, la ley pueda establecer otras edades para ejercer algunos derechos y obligaciones.

b) Que la Constitución establezca cuál es la edad de obtención de la mayoría de edad no implica la imposibilidad de emanciparse.

c) La Constitución equipara la minoría de edad con la incapacidad.

d) La Constitución vincula, en términos generales, la mayoría de edad a la adquisición de la plena capacidad de obrar.

12. No ser mayor de edad implica:

a) Que no puedes votar en las elecciones.

b) Que no puedes contraer matrimonio.

c) Que no puedes trabajar.

d) Que no puedes celebrar ningún tipo de contrato.

13. Atendiendo a lo dispuesto en el artículo 13 de la Constitución:

a) En todo caso, solamente los españoles están legitimados para participar en asuntos públicos.

b) Los extranjeros gozarán es España de los derechos fundamentales, pero no de las libertades públicas establecidas en la Constitución.

c) Los españoles son titulares del derecho de participación en los asuntos públicos, lo que puede extenderse, vía tratado o ley, a otros sujetos para el derecho de sufragio activo y pasivo en las elecciones municipales, siempre atendiendo a criterios de reciprocidad.

d) Solamente los españoles mayores de edad y con determinado nivel cultural pueden participar en asuntos públicos.

14. En relación con el derecho de asilo:

a) No se puede conceder a los refugiados, en ningún caso.

b) Por ley orgánica se establecerán los términos en que los ciudadanos de otros países podrán gozar de este derecho en España.

c) Por ley se establecerán los términos en que los ciudadanos de otros países y los apátridas podrán gozar de este derecho en España.

d) Por reglamento se establecerán los términos en que los apátridas podrán gozar de este derecho en España.

15. Indica la respuesta correcta en relación con la extradición:

a) La extradición solo se concederá en cumplimiento de un tratado o de la ley, atendido al principio de reciprocidad.

b) La extradición solo se concederá en cumplimiento de un tratado o de la ley, sin requerirse la reciprocidad.

c) También se puede conceder la extradición por delitos políticos.

d) No se puede extraditar por actos de terrorismo.

En MADTEST tienes **más preguntas de este tema**, y todos tus avances quedan registrados y se reflejan en el ranking.

¡Supera tus límites con MADTEST!

Solución al test n.º 1

1. a) Que la dignidad de la persona es fundamento del orden político y de la paz social.

2. c) La seguridad jurídica.

3. c) No admite grados.

4. b) Dispone que los tratados y acuerdos ratificados por España sirven de parámetro interpretativo de los derechos y libertades establecidos en la Constitución.

5. c) Los derechos y libertades establecidos en Tratados internacionales tienen rango constitucional únicamente en la medida en que también estén reconocidos en la Constitución Española.

6. c) Se puede adquirir.

7. b) Ningún español de origen podrá ser privado de su nacionalidad.

8. b) El Estado puede concertar tratados de doble nacionalidad con los países iberoamericanos o con aquellos que hayan tenido o tengan una particular vinculación con España.

9. c) En la Constitución se desarrollan las formas de adquisición, conservación y pérdida de la nacionalidad española, dada su importancia.

10. c) Los españoles son mayores de edad a los dieciocho años.

11. c) La Constitución equipara la minoría de edad con la incapacidad.

12. a) Que no puedes votar en las elecciones.

13. c) Los españoles son titulares del derecho de participación en los asuntos públicos, lo que puede extenderse, vía tratado o ley, a otros sujetos para el derecho de sufragio activo y pasivo en las elecciones municipales, siempre atendiendo a criterios de reciprocidad.

14. c) Por ley se establecerán los términos en que los ciudadanos de otros países y los apátridas podrán gozar de este derecho en España.

15. a) La extradición solo se concederá en cumplimiento de un tratado o de la ley, atendido al principio de reciprocidad.

TEST N.º 2

La Corona: carácter, sucesión, proclamación y funciones

1. Establece la Constitución Española que el Rey:

a) Es el Presidente del Estado.
b) Es el primer Ministro del Estado.
c) Es el Jefe del Estado.
d) Es el Presidente de la Nación.

2. Establece el artículo 56.2 de la Constitución Española que el título del Rey es el de:

a) Príncipe de las Españas.
b) Rey de las Españas.
c) Rey de España.
d) Corona de España.

3. El Rey de España:

a) Solamente puede utilizar el título de Rey.
b) Solamente puede utilizar el título de Rey y el de Príncipe.
c) Solamente podrá utilizar aquellos títulos de la Corona que el Congreso determine.
d) Podrá utilizar todos los títulos que correspondan a la Corona.

4. El Rey:

a) Arbitra pero no puede moderar el funcionamiento regular de las instituciones.
b) Asume la más alta representación del Estado español siempre y en todo caso.
c) Es símbolo de la unidad y permanencia del Estado español.
d) No puede asumir representación del Estado a nivel internacional.

5. Establece el artículo 56.3 de la Constitución que la persona del Rey:

a) Es inviolable y no está sujeta a responsabilidad.
b) Es inviolable pero está sujeta a responsabilidad.

c) Ni es inviolable ni está sujeta a responsabilidad.

d) Puede llevar a cabo habitualmente actos sin refrendo alguno.

6. En relación con el refrendo de actos:

a) Nunca deben ir refrendados los actos del Rey.

b) La Constitución Española establece que siempre deben ir refrendados, pero en la práctica no pasa nada si no es así.

c) La Constitución Española establece que siempre deben ir refrendados, bajo pena de invalidez en todo caso.

d) La Constitución Española establece que siempre deben ir refrendados, bajo pena de invalidez, excepto en determinados casos.

7. El artículo 56 de la Constitución:

a) Es el primer artículo de la parte orgánica de la misma.

b) Es el primer artículo de la parte dogmática de la misma.

c) Es el primer artículo de la Constitución Española.

d) Es el último artículo de la Constitución Española.

8. En términos generales, ¿cuántas funciones atribuye el artículo 56 al Rey de España?

a) Una.

b) Dos.

c) Tres.

d) Cuatro.

9. ¿Qué privilegios del Rey se recogen en el artículo 56 de la Constitución?

a) La irresponsabilidad y la inviolabilidad.

b) La inviolabilidad y la desconexión.

c) La riqueza y la irresponsabilidad.

d) La responsabilidad y la inviolabilidad.

10. La idea de permanencia establecida en al artículo 56 de la Constitución Española, alude a que:

a) El Rey siempre va a ser inamovible, no hay opción.

b) Los Reyes suelen vivir mucho tiempo en España.

c) El título de Rey es hereditario.

d) No tiene ningún significado relevante.

11. Parte de la función de árbitro y mediador del Rey se desarrolla a través de:

a) La Pascua Militar.

b) La propuesta, el nombramiento y el cese del Presidente del Gobierno.

c) El discurso de Navidad.
d) Las vacaciones en Mallorca.

12. El artículo 56.3 de la Constitución establece que:

a) El Rey no puede ser demandado ante la jurisdicción ordinaria.
b) La Familia Real no puede ser demandada civilmente.
c) La Familia Real no puede ser denunciado.
d) Ningún miembro de la Casa Real puede ser denunciado o demandado.

13. En relación con los actos del Rey:

a) Todos deben ser refrendados por Ministros, siempre y en todo caso.
b) Solamente deben ser refrendados cuando así lo pida el Rey.
c) Solamente deben ser refrendados cuando así lo pida el presidente del Gobierno.
d) Deben ser refrendados, excepto los relativos al nombramiento y cese de los miembros civiles y militares de la Casa Real.

14. Atendiendo a lo que dispone la Constitución:

a) Doña Elena debería ser la heredera al trono, ya que es la primogénita del Rey Juan Carlos.
b) En relación con la sucesión en el trono, es preferida la línea posterior a las anteriores.
c) En relación con la sucesión del trono, es preferida en la misma línea el varón a la mujer.
d) En relación con la sucesión del trono, es preferida en el mismo grado el varón a la mujer.

15. De acuerdo con la Constitución Española, si el primogénito del Rey es una niña y el segundo hijo un niño:

a) Le va a suceder en todo caso la niña.
b) Desde el reinado de Felipe VI, va a suceder la niña.
c) Le va a suceder el niño, por el mero hecho de ser varón.
d) El Rey va a decidir quién le debe suceder.

Solución al test n.º 2

1. c) Es el Jefe del Estado.

2. c) Rey de España.

3. d) Podrá utilizar todos los títulos que correspondan a la Corona.

4. c) Es símbolo de la unidad y permanencia del Estado español.

5. a) Es inviolable y no está sujeta a responsabilidad.

6. d) La Constitución Española establece que siempre deben ir refrendados, bajo pena de invalidez, excepto en determinados casos.

7. a) Es el primer artículo de la parte orgánica de la misma.

8. c) Tres.

9. a) La irresponsabilidad y la inviolabilidad.

10. c) El título de Rey es hereditario.

11. b) La propuesta, el nombramiento y el cese del Presidente del Gobierno.

12. a) El Rey no puede ser demandado ante la jurisdicción ordinaria.

13. d) Deben ser refrendados, excepto los relativos al nombramiento y cese de los miembros civiles y militares de la Casa Real.

14. d) En relación con la sucesión del trono, es preferida en el mismo grado el varón a la mujer.

15. c) Le va a suceder el niño, por el mero hecho de ser varón.

TEST N.º 3

Las Cortes Generales. Concepto, elementos, funcionamiento y funciones normativas. El Gobierno: concepto, integración, cese, responsabilidad, funciones, deberes y regulación

1. Las Cortes Generales:

a) Ejercen la potestad legislativa del Estado, aprueban sus Presupuestos, controlan la acción del Presidente del Gobierno y tienen las demás competencias que les atribuya la Constitución.

b) Ejercen la potestad legislativa y reglamentaria del Estado, elaboran sus Presupuestos, controlan la acción del Gobierno y tienen las demás competencias que les atribuya la Constitución.

c) Ejercen la potestad legislativa del Estado, aprueban sus Presupuestos, controlan la acción del Gobierno y tienen las demás competencias que les atribuya la Constitución.

d) Ejercen la potestad reglamentaria del Estado, elaboran sus Presupuestos, controlan la acción del Gobierno y tienen las demás competencias que les atribuya la Constitución.

2. Las Cortes Generales:

a) Controlan la acción del Rey y del Presidente del Gobierno.
b) Ejercen la potestad reglamentaria del Estado.
c) Aprueban los Presupuestos del Estado.
d) Controlan la acción del Rey y del Gobierno.

3. Las Cortes Generales son:

a) Inmunes.
b) Inviolables.
c) Invariables.
d) Inmutables.

4. ¿Quién representa al pueblo español?

a) El Presidente del Gobierno.
b) El Rey.
c) El Presidente del Congreso de los Diputados.
d) Las Cortes Generales.

5. ¿Quién controla la acción del Gobierno?

a) El Rey.
b) El Presidente del Gobierno.
c) El Presidente del Congreso de los Diputados.
d) Las Cortes Generales.

6. Las Cortes Generales están formadas por:

a) El Congreso de los Diputados y el Senado.
b) El Rey, el Congreso de los Diputados y el Senado.
c) El Presidente del Gobierno y el Congreso de los Diputados.
d) El Consejo de Ministros, el Congreso de los Diputados y el Senado.

7. ¿Quién ejerce la función legislativa en España?

a) El pueblo español.
b) El Consejo de Ministros.
c) El Presidente del Gobierno.
d) Las Cortes Generales.

8. Para que las reuniones de Parlamentarios vinculen a las Cámaras deberán celebrarse:

a) Con convocatoria reglamentaria.
b) En el Congreso de los Diputados.
c) En días laborables.
d) Con convocatoria reglamentaria y presencia de la totalidad de sus miembros.

9. Un Diputado del Congreso de los Diputados:

a) Podrá ser miembro del Congreso de los Diputados y de una Asamblea de Comunidad Autónoma.
b) No podrá ser miembro de las dos Cámaras simultáneamente, salvo que se trate del Presidente de las Cámaras.
c) Podrá ser miembro del Congreso de los Diputados y del Senado, simultáneamente.
d) No podrá ser miembro del Congreso de los Diputados y de una Asamblea de Comunidad Autónoma.

10. Los miembros de las Cortes Generales:

a) Son inviolables.
b) No están ligados por mandato imperativo.
c) Son inmunes.
d) Están ligados por mandato imperativo.

11. Un Senador:

a) Podrá acumular el acta de Diputado al Congreso y de Senador.
b) Podrá acumular el acta de una Asamblea de Comunidad Autónoma con la de Senador.
c) Excepcionalmente podrá acumular el acta de una Asamblea de Comunidad Autónoma con la de Senador, si se trata del Presidente del Senado.
d) No podrá acumular el acta de una Asamblea de Comunidad Autónoma con la de Senador.

12. Los Senadores:

a) No están ligados por mandato imperativo.
b) Están ligados por mandato imperativo respecto de la provincia a la que representan.
c) Podrán acumular el acta de Diputado al Congreso a la de Senador.
d) Son inviolables.

13. El Congreso se compone de:

a) Un mínimo de 200 y un máximo de 300 Diputados.
b) Un mínimo de 200 y un máximo de 350 Diputados.
c) Un mínimo de 300 y un máximo de 400 Diputados.
d) Un mínimo de 300 y un máximo de 350 Diputados.

14. La circunscripción electoral al Congreso de los Diputados es:

a) La ciudad, cada isla o agrupación de ellas, con Cabildo o Consejo Insular.
b) La provincia.
c) La Comunidad Autónoma.
d) El Estado.

15. Las poblaciones de Ceuta y Melilla están representadas:

a) Ambas, por el mismo Diputado.
b) Cada una de ellas por un Diputado.
c) Ambas, por tres Diputados.
d) Cada una de ellas por dos Diputados.

En MADTEST tienes **más preguntas de este tema**, y todos tus avances quedan registrados y se reflejan en el ranking.

¡Supera tus límites con MADTEST!

Solución al test n.º 3

1. c) Ejercen la potestad legislativa del Estado, aprueban sus Presupuestos, controlan la acción del Gobierno y tienen las demás competencias que les atribuya la Constitución.

2. c) Aprueban los Presupuestos del Estado.

3. b) Inviolables.

4. d) Las Cortes Generales.

5. d) Las Cortes Generales.

6. a) El Congreso de los Diputados y el Senado.

7. d) Las Cortes Generales.

8. a) Con convocatoria reglamentaria.

9. d) No podrá ser miembro del Congreso de los Diputados y de una Asamblea de Comunidad Autónoma.

10. b) No están ligados por mandato imperativo.

11. b) Podrá acumular el acta de una Asamblea de Comunidad Autónoma con la de Senador.

12. a) No están ligados por mandato imperativo.

13. c) Un mínimo de 300 y un máximo de 400 Diputados.

14. b) La provincia.

15. b) Cada una de ellas por un Diputado.

TEST N.º 4

La Administración Pública en el ordenamiento jurídico español. Tipología de los Entes Públicos. Las Administraciones del Estado, autonómica, local e institucional

1. Ceuta cuenta en el Congreso de los Diputados con el siguiente número de Diputados:

a) Uno.
b) Dos.
c) Tres.
d) Ninguno.

2. No puede delegarse por el Pleno del Congreso de los Diputados en una Comisión Legislativa Permanente del mismo la aprobación de:

a) Proposiciones de Ley.
b) Proyectos de Ley.
c) Decretos-Leyes.
d) Todo lo anterior es válido.

3. El criterio que se sigue para atribuir los escaños del Congreso de los Diputados a cada Provincia, una vez garantizado un mínimo inicial, es el de:

a) La población.
b) Territorialidad.
c) Asignación al partido mayoritario.
d) Todos los anteriores inciden en este reparto.

4. El número mínimo de integrantes de las Comisiones de Investigación que se constituyan en el Congreso de los Diputados es:

a) De veintiún miembros.
b) Una décima parte del número de miembros de la Diputación Permanente.
c) Equivalente al de la Mesa del Congreso de los Diputados.
d) Indeterminado por la Constitución.

5. En caso de que no exista Parlamento Autonómico, el nombramiento de los Senadores en representación de la Comunidad Autónoma debe realizarse por:

a) Las propias Cortes Generales.
b) El Gobierno de la Nación.
c) El Consejo de Gobierno de la Comunidad Autónoma.
d) El Presidente de dicha Comunidad Autónoma.

6. Las sesiones conjuntas de las Cámaras previstas en relación con las atribuciones que la Constitución les reconoce respecto de la Corona son:

a) De carácter no legislativo.
b) Informativas.
c) Legislativas.
d) Depende de los casos.

7. El orden del día de las sesiones de las Comisiones del Congreso de los Diputados se establece por el/la:

a) Mesa de dichas Comisiones.
b) Presidente de la Cámara.
c) Presidente de las mismas.
d) Mesa de la Cámara.

8. Según la Constitución, el segundo período anual de sesiones de las Cámaras concluye en:

a) Septiembre.
b) Diciembre.
c) Febrero.
d) Junio.

9. Como regla general, los acuerdos de las Cámaras deben adoptarse por el siguiente quórum:

a) Mayoría absoluta del número de hecho.
b) Mayoría absoluta del número legal de miembros.
c) Mayoría de los miembros presentes.
d) Mayoría de los votos emitidos personalmente o por representación.

10. La exigencia por el Congreso de los Diputados de la responsabilidad política del Gobierno de la Nación se efectúa a través del/de la:

a) Cuestión de confianza.
b) Moción de censura.

c) Convalidación o no de sus normas.
d) Todo lo anterior.

11. En el desempeño de sus funciones, el Defensor del Pueblo actúa:

a) Según su criterio y con autonomía.
b) Siguiendo las instrucciones de las Cortes Generales.
c) De acuerdo con las indicaciones del Gobierno de la Nación.
d) Con mandato imperativo.

12. El Defensor del Pueblo toma posesión de su cargo ante el/los/las:

a) Plenos del Congreso de los Diputados y del Senado.
b) Pleno del Congreso de los Diputados y del Senado en sesión conjunta.
c) Mesas de ambas Cámaras en sesión conjunta.
d) Rey.

13. Entre el cese de un Defensor del Pueblo y el nombramiento de uno nuevo no debe pasar más de:

a) Un mes.
b) Tres meses.
c) Quince días.
d) Dos meses.

14. Si se disuelven las Cortes Generales, estando vacante el cargo de Defensor del Pueblo, partiendo de que debe nombrarse uno nuevo en el plazo correspondiente:

a) Se nombra un Defensor del Pueblo por la Diputación Permanente del Congreso de los Diputados.
b) Se restituye en el cargo al anterior Defensor del Pueblo.
c) Asume sus funciones, hasta las nuevas Cortes Generales, el Adjunto Primero.
d) No puede producirse esta disolución en este caso.

15. El Defensor del Pueblo no puede interponer el/la:

a) Recurso de inconstitucionalidad.
b) Cuestión de inconstitucionalidad.
c) Recurso de amparo.
d) Puede interponer todos ellos.

En MADTEST tienes **más preguntas de este tema**, y todos tus avances quedan registrados y se reflejan en el ranking.

¡Supera tus límites con MADTEST!

Solución al test n.º 4

1. a) Uno.

2. c) Decretos-Leyes.

3. a) La población.

4. d) Indeterminado por la Constitución.

5. c) El Consejo de Gobierno de la Comunidad Autónoma.

6. a) De carácter no legislativo.

7. a) Mesa de dichas Comisiones.

8. d) Junio.

9. c) Mayoría de los miembros presentes.

10. b) Moción de censura.

11. a) Según su criterio y con autonomía.

12. c) Mesas de ambas Cámaras en sesión conjunta.

13. a) Un mes.

14. c) Asume sus funciones, hasta las nuevas Cortes Generales, el Adjunto Primero.

15. b) Cuestión de inconstitucionalidad.

Las Comunidades Autónomas: constitución y competencias. Competencias del Estado y de las Comunidades Autónomas: Introducción al Estatuto de Autonomía para Andalucía, y su sistema de distribución de competencias

1. Sobre los derechos sociales, deberes y políticas públicas trata el siguiente Título de nuestro Estatuto de Autonomía:

a) Preliminar.
b) Primero.
c) Tercero.
d) Quinto.

2. La sede de la capital de Andalucía se determina por el:

a) Parlamento de Andalucía.
b) Consejo de Gobierno de la Junta de Andalucía.
c) Propio Estatuto de Autonomía.
d) Presidente de la Junta de Andalucía.

3. Gozan de la condición política de andaluces los ciudadanos españoles que:

a) Hayan nacido en Andalucía.
b) Tengan vecindad administrativa en cualquiera de sus Municipios.
c) Reúnan necesariamente las dos condiciones anteriores.
d) Todos los anteriores y los que tengan ascendientes andaluces.

4. Según el artículo 1 del Estatuto de Autonomía, Andalucía es un/una:

a) Nación.
b) Región nacionalizada.
c) Estado dentro del conjunto del Estado español.
d) Nacionalidad histórica.

5. Respecto a los criterios básicos del Régimen Local, la Junta tiene competencia:

a) Exclusiva.
b) Compartida con el Estado.
c) Concurrente con el Estado.
d) De ningún tipo.

6. En materia de aguas, respecto a la planificación y gestión hidrológica de aprovechamientos hidráulicos intercomunitarios, la Junta de Andalucía tiene competencia:

a) De ejecución de la legislación estatal.
b) Exclusiva.
c) De participación en las mismas.
d) De ningún tipo.

7. En materia de expropiación forzosa, la Junta de Andalucía tiene competencia:

a) Exclusiva.
b) De ningún tipo.
c) Ejecutiva.
d) Compartida.

8. La planificación de la actividad económica andaluza es competencia:

a) Exclusiva de la Junta de Andalucía.
b) Exclusiva de acuerdo con las bases y la ordenación de la actuación económica general.
c) Ejecutiva.
d) Delegada.

9. Respecto de las decisiones sobre inversiones en bienes y equipamientos culturales de titularidad estatal en Andalucía, la Junta de Andalucía:

a) Tiene competencia exclusiva en cuanto a su iniciativa.
b) Ejecuta las mismas.
c) No tiene competencia alguna.
d) Participará en las mismas.

10. La política de suelo y vivienda es competencia de la Junta de Andalucía:

a) Exclusiva.
b) Compartida.
c) De transferencia.
d) Delegada.

11. La Junta de Andalucía tiene competencia exclusiva en materia de:

a) Establecimiento de planes de estudio, incluida la ordenación curricular.
b) Productos farmacéuticos.
c) Caza.
d) Derecho de reversión en las expropiaciones urbanísticas.

12. La Junta de Andalucía tiene competencia de ejecución de la legislación estatal en materia de:

a) Seguridad privada.
b) Planificación de la actividad económica.
c) Agricultura y ganadería.
d) Las respuestas a) y b) son correctas.

13. Tiene la Junta de Andalucía competencia compartida en materia de:

a) Aprovechamientos agroforestales.
b) Denominaciones de calidad.
c) Planificación del sector pesquero.
d) En todo lo anterior tiene dicho tipo de competencia.

14. La participación por la Junta de Andalucía en los procesos de designación de miembros de los organismos económicos y sociales del Estado de carácter económico y social, en los términos que establezcan la Constitución y la legislación estatal aplicable, se atribuye originariamente al:

a) Presidente de la Junta de Andalucía.
b) Consejo de Gobierno de la Junta de Andalucía.
c) Consejero de la Junta de Andalucía a cuyo ámbito de competencias afecte la actuación del organismo de que se trate.
d) Parlamento de Andalucía.

15. Respecto a la organización y estructura de sus Organismos Autónomos, la Junta de Andalucía tiene competencia:

a) Exclusiva.
b) De ejecución sólo.
c) De desarrollo legislativo y ejecución.
d) Transferida por el Estado.

En MADTEST tienes **más preguntas de este tema**, y todos tus avances quedan registrados y se reflejan en el ranking.

¡Supera tus límites con MADTEST!

Solución al test n.º 5

1. b) Primero.

2. c) Propio Estatuto de Autonomía.

3. b) Tengan vecindad administrativa en cualquiera de sus Municipios.

4. d) Nacionalidad histórica.

5. d) De ningún tipo.

6. c) De participación en las mismas.

7. c) Ejecutiva.

8. b) Exclusiva de acuerdo con las bases y la ordenación de la actuación económica general.

9. d) Participará en las mismas.

10. a) Exclusiva.

11. c) Caza.

12. a) Seguridad privada.

13. c) Planificación del sector pesquero.

14. d) Parlamento de Andalucía.

15. a) Exclusiva.

Fuentes del Derecho Público: enumeración y principios. La jerarquía de las fuentes. Fuentes escritas: Leyes y Reglamentos

1. Señala cuál de las siguientes es una fuente indirecta de nuestro Derecho Administrativo:

a) Los Reglamentos.
b) La Jurisprudencia.
c) Los Principios Generales del Derecho.
d) La Costumbre.

2. ¿Qué tipo de fuente del Derecho Administrativo son los Reglamentos del Presidente del Gobierno?

a) Directa.
b) Indirecta.
c) Directa subsidiaria.
d) No son fuente de nuestro Derecho Administrativo.

3. ¿A quién atribuye la Constitución Española la titularidad de la potestad legislativa?

a) Únicamente al Estado.
b) A las Cortes Generales exclusivamente.
c) Al Estado y las Comunidades Autónomas.
d) Al Estado, a las Comunidades Autónomas y a las Corporaciones Locales.

4. ¿A quién atribuye el art. 91 de la Carta Magna la potestad para ordenar la inmediata publicación de las leyes aprobadas por las Cortes Generales?

a) Al Rey.
b) Al Presidente del Gobierno.
c) Al Presidente del Congreso de los Diputados.
d) Al Presidente de la Mesa de la Cámara Baja.

5. ¿Cómo se denominan las leyes por las que las Cortes Generales, en materia de competencia estatal, pueden atribuir a todas o a alguna de las Comunidades Autónomas la facultad de dictar, para sí mismas, normas legislativas en el marco de los principios, bases y directrices fijados por una ley estatal?

a) Leyes orgánicas.
b) Leyes ordinarias.
c) Leyes marco.
d) Leyes de armonización.

6. ¿En qué plazo sancionará el Rey las leyes aprobadas por las Cortes Generales?

a) Un mes.
b) Veinte días.
c) Quince días.
d) Diez días.

7. ¿Qué órgano de los siguientes promulga las leyes?

a) El Rey.
b) El Presidente del Gobierno.
c) Las Cortes Generales.
d) El Presidente del Congreso.

8. ¿Qué son los decretos legislativos?

a) Disposiciones del Gobierno sobre derechos y deberes fundamentales.
b) Disposiciones de las Cortes que contienen delegación legislativa.
c) Disposiciones del Poder Judicial que contienen delegación legislativa.
d) Disposiciones del Gobierno que contienen legislación delegada.

9. En caso de extraordinaria y urgente necesidad, ¿qué disposición legislativa provisional podrá dictar el Gobierno?

a) Decreto legislativo.
b) Ley de bases.
c) Ley orgánica.
d) Decreto ley.

10. Los decretos leyes deberán de ser inmediatamente sometidos a debate y votación de totalidad:

a) Al Senado.
b) Al Gobierno.
c) Al Congreso de los Diputados.
d) Todas las anteriores son correctas.

11. Por la relación existente entre los reglamentos y la ley, GARRIDO FALLA y ENTRENA CUESTA, clasifican los Reglamentos en:

a) Dependientes o independientes.
b) Ejecutivos e Independientes.
c) Internos y externos.
d) Estatales, autonómicos, locales e institucionales.

12. Como consecuencia del principio de reserva de ley, la Administración no podrá, por vía reglamentaria:

a) Establecer y exigir prestaciones personales obligatorias.
b) Establecer ni imponer penas.
c) Establecer tributos.
d) Todas las respuestas son correctas.

13. Señala cuál de las siguientes no es una fuente directa principal del Derecho Administrativo:

a) Los decretos leyes.
b) Los Principios Generales del Derecho.
c) Los Reglamentos del Presidente del Gobierno.
d) La Constitución.

14. El artículo 1.6.º del Código Civil establece que la jurisprudencia complementará el ordenamiento jurídico con la doctrina que, de modo reiterado, establezca:

a) El Tribunal Constitucional.
b) La Audiencia Nacional.
c) El Tribunal Supremo.
d) Los Tribunales Superiores de Justicia.

15. ¿Quiénes son en España, tras la Constitución, los titulares de la potestad legislativa?

a) El Estado.
b) Las Comunidades Autónomas.
c) Las Corporaciones Locales.
d) Las respuestas a) y b) son correctas.

En MADTEST tienes **más preguntas de este tema**, y todos tus avances quedan registrados y se reflejan en el ranking.

¡Supera tus límites con MADTEST!

Solución al test n.º 6

1. b) La Jurisprudencia.

2. a) Directa.

3. c) Al Estado y las Comunidades Autónomas.

4. a) Al Rey.

5. c) Leyes marco.

6. c) Quince días.

7. a) El Rey.

8. d) Disposiciones del Gobierno que contienen legislación delegada.

9. d) Decreto ley.

10. c) Al Congreso de los Diputados.

11. b) Ejecutivos e Independientes.

12. d) Todas las respuestas son correctas.

13. b) Los Principios Generales del Derecho.

14. c) El Tribunal Supremo.

15. d) Las respuestas a) y b) son correctas.

MATERIAS ESPECÍFICAS

El Régimen Local español. Concepto de Régimen Local español. Concepto de Administración Local, evolución del Régimen Local. Principios constitucionales y regulación jurídica. La Administración Local: Entidades que la integran. Regulación actual

1. Uno de los principios fundamentales en relación con el Régimen Local que recoge la Constitución Española es:

a) La autonomía de las Corporaciones Locales en la gestión de sus intereses.
b) El carácter democrático y representativo de sus órganos de gobierno.
c) La suficiencia de las Haciendas Locales.
d) Todas las respuestas anteriores son correctas.

2. ¿Es posible crear agrupaciones de Municipios diferentes de la Provincia?

a) No.
b) En algunos casos.
c) Solo si lo decide el Presidente del Gobierno.
d) Sí.

3. De conformidad con el artículo 140 de la Constitución Española, los concejales serán elegidos por sufragio:

a) Universal por parte de los ciudadanos del municipio.
b) Universal, igual, libre, e indirecto.
c) Universal, igual, libre, directo y secreto.
d) Universal, igual, libre, directo y secreto, en la forma establecida en la ley.

4. Según el artículo 103.1 de la Constitución Española, la Administración Pública sirve con objetividad los intereses generales y actúa de acuerdo con los principios de:

a) Eficacia, jerarquía, descentralización, desconcentración y suficiencia financiera.
b) Descentralización, desconcentración, altruismo y eficacia.
c) Eficacia, jerarquía, descentralización, desconcentración y coordinación.
d) Eficacia, jerarquía, descentralización, desconcentración y gratuidad.

5. La atribución de las competencias que procedan a Municipios, Provincias e Islas en atención a las características de la actividad de que se trate y a la capacidad de gestión de la Entidad Local, ha de hacerse de conformidad con el principio de:

a) Desconcentración.
b) Coordinación.
c) Descentralización.
d) Todos los anteriores rigen en dicha atribución.

6. La Ley de Régimen Local, además de a sí misma, remite explícitamente a los correspondientes Estatutos de Autonomía la creación de:

a) Todas las Entidades Locales territoriales.
b) Las restantes Entidades Locales.
c) Las Áreas Metropolitanas.
d) Las Comarcas u otras entidades que agrupen varios Municipios.

7. Las potestades reconocidas a las Entidades Locales básicas (Municipios, Provincias e Islas) se les confieren:

a) Dentro de la esfera de sus competencias.
b) En calidad de Administraciones Públicas de carácter territorial.
c) Con carácter delegado.
d) Las respuestas a y b son correctas.

8. Respecto de las Comarcas y Áreas Metropolitanas, el reconocimiento de las potestades atribuidas a los Municipios, Provincias e Islas:

a) Se atribuye a las Leyes de las Comunidades Autónomas.
b) Está prohibido.
c) Ha de conferirse por Decreto del Consejo de Gobierno de la correspondiente Comunidad Autónoma.
d) Se realiza por el Ministerio de Administraciones Públicas.

9. Entre las potestades atribuidas a los Municipios, Provincias e Islas se encuentra la de:

a) Planificación.
b) Expropiación Forzosa.
c) Creación de tributos.
d) Las respuestas a y b son ciertas.

10. Junto a la potestad tributaria, el art. 4 de la Ley de Régimen Local reconoce explícitamente a los Municipios, Provincias e Islas la potestad:

a) De programación.
b) De planificación.
c) Financiera.
d) De autoorganización.

11. Respecto de las Mancomunidades, las potestades reconocidas a Municipios, Provincias e Islas:

a) Han de venir recogidas en sus Estatutos.
b) No se les reconocen
c) Tendrán todas, en defecto de previsión estatutaria, siempre que sean precisas para el cumplimiento de su finalidad.
d) Las respuestas a y c son ciertas.

12. Entre los principios de actuación de las Entidades Locales recogidos en el art. 6 de la Ley de Régimen Local no se encuentra el de:

a) Eficacia.
b) Jerarquía.
c) Coordinación.
d) Están todos ellos.

13. Las competencias propias de las Entidades Locales territoriales se determinan por:

a) Ley.
b) Ordenanzas y Reglamentos.
c) Real Decreto del Consejo de Ministros.
d) Decreto del Consejo de Gobierno de la respectiva Comunidad Autónoma.

14. Cuando se delegan competencias en las Entidades Locales, en su ejercicio, el art. 7 de la Ley de Régimen Local, prevé la existencia de un control de:

a) Constitucionalidad.
b) Legalidad.
c) Oportunidad.
d) Carácter financiero.

15. Las competencias locales que determina la Ley 5/2010 de 11 de junio, de Autonomía Local de Andalucía tienen la consideración de:

a) Propias y mínimas.
b) Compartidas y mínimas.
c) Propias y máximas.
d) Compartidas y máximas.

En MADTEST tienes **más preguntas de este tema**, y todos tus avances quedan registrados y se reflejan en el ranking.

¡Supera tus límites con MADTEST!

Solución al test n.º 7

1. d) Todas las respuestas anteriores son correctas.

2. d) Sí.

3. d) Universal, igual, libre, directo y secreto, en la forma establecida en la ley.

4. c) Eficacia, jerarquía, descentralización, desconcentración y coordinación.

5. c) Descentralización.

6. d) Las Comarcas u otras entidades que agrupen varios Municipios.

7. d) Las respuestas a y b son correctas.

8. a) Se atribuye a las Leyes de las Comunidades Autónomas.

9. d) Las respuestas a y b son ciertas.

10. c) Financiera.

11. d) Las respuestas a y c son ciertas.

12. b) Jerarquía.

13. a) Ley.

14. c) Oportunidad.

15. a) Propias y mínimas.

TEST N.º 8

El Municipio: evolución, concepto, elementos esenciales, denominación y cambio de nombre de los municipios. El Término municipal: concepto, caracteres, alteración del término municipal. La población: concepto. El empadronamiento: regulación, concepto

1. Entre las potestades y prerrogativas que tienen los municipios se encuentran:

a) La tributaria y financiera.
b) De revisión de oficio de sus actos y acuerdos.
c) Expropiatoria.
d) Todas las respuestas son correctas.

2. Los elementos del Municipio son:

a) El territorio, la población y la financiación.
b) El territorio, las instituciones y la organización.
c) La organización, la autonomía y el territorio.
d) La población, la organización y el territorio.

3. Según el Reglamento de Población y Demarcación Territorial de las Entidades Locales el término municipal es:

a) El territorio en que el Ayuntamiento ejerce su jurisdicción.
b) El territorio en que el Ayuntamiento ejerce sus competencias.
c) El territorio en que el Ayuntamiento ejerce su política.
d) Las respuestas b) y c) son correctas.

4. De acuerdo con lo dispuesto en la Ley de Bases de Régimen Local:

a) La creación de nuevos municipios solo podrá realizarse sobre la base de núcleos de población territorialmente diferenciados, de al menos 25.000 habitantes.
b) La creación de nuevos municipios solo podrá realizarse sobre la base de núcleos de población territorialmente diferenciados, de al menos 4.000 habitantes.

c) La creación de nuevos municipios solo podrá realizarse sobre la base de núcleos de población territorialmente diferenciados, de al menos 3.000 habitantes.

d) La creación de nuevos municipios solo podrá realizarse sobre la base de núcleos de población territorialmente diferenciados, de al menos 250.000 habitantes.

5. ¿La alteración de términos municipales podrá suponer la modificación de los límites provinciales?

a) Solo en casos excepcionales.
b) En ningún caso.
c) Cuando concurran los requisitos establecidos en la ley.
d) Sí.

6. En los casos de fusión de municipios:

a) El nuevo municipio se subrogará en todos los derechos y obligaciones de los anteriores municipios.

b) El nuevo municipio resultante de la fusión no podrá segregarse hasta transcurridos cien años.

c) El órgano del gobierno del nuevo municipio resultante estará constituido transitoriamente por la suma de los concejales de los municipios fusionados.

d) Las respuestas a) y c) son correctas.

7. Son derechos y deberes de los vecinos:

a) Contribuir mediante la aportación de sus bienes inmuebles a la realización de las competencias municipales.

b) Exigir la prestación y, en su caso, el establecimiento del correspondiente servicio público, en el supuesto de constituir una competencia municipal propia aunque no sea de carácter obligatorio.

c) Acceder a los aprovechamientos comunales.

d) Ejercer la iniciativa individual en los términos previstos en el art. 70 bis de la Ley de Bases de Régimen Local.

8. La inscripción de los extranjeros en el Padrón municipal:

a) Constituirá prueba de su residencia legal en España.
b) Iniciará el expediente de adquisición de la nacionalidad española.
c) No les atribuirá ningún derecho que no les confiera la legislación vigente.
d) Permitirá obtener un permiso de trabajo.

9. El padrón municipal es:

a) La base de datos donde constan los nombres de los vecinos.
b) El registro administrativo donde solo constan los domicilios de los vecinos.

c) El registro administrativo donde constan los vecinos de un municipio.

d) El registro administrativo donde solo constan los domicilios de los extranjeros del municipio.

10. La inscripción en el Padrón municipal contendrá como obligatorios los siguientes datos:

a) Las matrículas de los vehículos de los vecinos.

b) El número de identificación de los aparatos tecnológicos existentes en cada casa.

c) Los ascendientes que habitan en cada casa.

d) Ninguna de las respuestas es correcta.

11. Quien viva en varios Municipios:

a) Deberá inscribirse únicamente en el Padrón municipal del municipio en el que habite durante más tiempo al año.

b) Deberá inscribirse únicamente en el Padrón municipal del municipio en el que tenga su lugar de trabajo.

c) Deberá inscribirse únicamente en el Padrón municipal del municipio en el que haya nacido.

d) Deberá inscribirse en el Padrón municipal de todos los municipios.

12. ¿Existe Padrón de españoles residentes en el extranjero?

a) Sí.

b) No.

c) Sí, y su formación se realizará por la Administración General del Estado.

d) Solo para aquellos que se encuentren en la Unión Europea.

13. La personalidad jurídica de los Municipios, según la Constitución Española, es:

a) Propia.

b) Plena.

c) Reconocida por el Ente que los crea.

d) Dependiente de su autonomía.

14. Según nuestra Constitución, los Concejales no son elegidos por sufragio:

a) Universal.

b) Igual.

c) Paritario.

d) Libre.

15. La pertenencia de un Municipio a dos Provincias:

a) Se admite excepcionalmente.
b) Ha de estar prevista en norma con rango de ley.
c) Está prohibida en nuestro ordenamiento jurídico.
d) Las respuestas a) y b) son ciertas.

En MADTEST tienes **más preguntas de este tema**, y todos tus avances quedan registrados y se reflejan en el ranking.

¡Supera tus límites con MADTEST!

Solución al test n.º 8

1. d) Todas las respuestas son correctas.

2. d) La población, la organización y el territorio.

3. b) El territorio en que el Ayuntamiento ejerce sus competencias.

4. b) La creación de nuevos municipios solo podrá realizarse sobre la base de núcleos de población territorialmente diferenciados, de al menos 4.000 habitantes.

5. b) En ningún caso.

6. d) Las respuestas a) y c) son correctas.

7. c) Acceder a los aprovechamientos comunales.

8. c) No les atribuirá ningún derecho que no les confiera la legislación vigente.

9. c) El registro administrativo donde constan los vecinos de un municipio.

10. d) Ninguna de las respuestas es correcta.

11. a) Deberá inscribirse únicamente en el Padrón municipal del municipio en el que habite durante más tiempo al año.

12. c) Sí, y su formación se realizará por la Administración General del Estado.

13. b) Plena.

14. c) Paritario.

15. c) Está prohibida en nuestro ordenamiento jurídico.

Organización municipal: concepto. Clases de órganos. Órganos de régimen común. Competencias: concepto y clases. Título X de la Ley 7/1985, de 2 de abril, reguladora de las Bases del Régimen Local

1. Funcionan en régimen de Concejo Abierto:

a) Los municipios de menos de 200 habitantes.
b) Los municipios de menos de 300 habitantes.
c) Los municipios de menos de 500 habitantes.
d) Los municipios que tradicional y voluntariamente cuenten con ese singular régimen de gobierno y administración.

2. La organización municipal responde a las siguientes reglas:

a) El Alcalde, los Tenientes de Alcalde y el Pleno existen en todos los Ayuntamientos.
b) El Alcalde, la Junta de Gobierno y el Pleno existen en todos los Ayuntamientos.
c) El Alcalde y el Pleno existen en todos los Ayuntamientos.
d) El Alcalde y la Junta de Gobierno existen en todos los Ayuntamientos.

3. La Comisión Especial de Cuentas:

a) Existe en todos los municipios.
b) Existe en los municipios en que así se acuerde.
c) Existe en los municipios de más de 1000 habitantes.
d) Ninguna de las respuestas es correcta.

4. De acuerdo con la Ley Orgánica de Régimen Electoral será proclamado alcalde electo:

a) El Concejal que haya obtenido la mayoría simple de los votos de los concejales.
b) El Concejal que encabece la lista que haya obtenido mayor número de votos populares.
c) El Concejal que haya obtenido la mayoría absoluta de los votos de los concejales.
d) El Concejal que haya ganado el sorteo.

5. Los alcaldes tendrán tratamiento de:

a) Ilustrísima en los municipios de Madrid y Barcelona.
b) Excelencia en los municipios que sean capitales de provincia.
c) Señoría en los municipios que no sean capitales de provincia ni las ciudades de Madrid y Barcelona.
d) Ilustrísima en todos los municipios.

6. La cuestión de confianza a la que podrá ser sometido el Alcalde se puede vincular a:

a) La aprobación o modificación de los Presupuestos anuales.
b) La aprobación o modificación del Reglamento Orgánico.
c) La aprobación o modificación de las Ordenanzas Fiscales.
d) Todas las respuestas son verdaderas.

7. No es una atribución del Alcalde:

a) Aprobar la oferta de empleo público.
b) La aprobación del reglamento orgánico y de las ordenanzas.
c) Dictar Bandos.
d) Ejercer la jefatura de la Policía Municipal.

8. Es una atribución del Pleno del Ayuntamiento:

a) La alteración de la calificación jurídica de los bienes de dominio público.
b) La aprobación inicial de las leyes.
c) Desempeñar la jefatura superior de todo el personal.
d) Ordenar la publicación, ejecución y hacer cumplir los acuerdos del Ayuntamiento.

9. La Junta de Gobierno Local se integra por el Alcalde y un número de Concejales:

a) No superior al tercio del número legal de los mismos.
b) No superior a la mitad del número legal de los mismos.
c) No superior a dos tercios del número legal de los mismos.
d) Ninguna de las respuestas es correcta.

10. El régimen peculiar para los Municipios de gran población será aplicable:

a) A los municipios que sean capitales autonómicas.
b) A los municipios cuya población supere los 50.000 habitantes.
c) A los municipios cuya población supere los 150.000 habitantes.
d) Las respuestas a) y b) son correctas.

11. En los municipios de gran población corresponde a la Junta de Gobierno:

a) La aprobación y modificación de las ordenanzas y reglamentos municipales.
b) La aprobación del proyecto de presupuesto.

c) Los acuerdos relativos a la participación en organizaciones supramunicipales.
d) Dictar bandos, decretos e instrucciones.

12. En los municipios de gran población tendrán la consideración de órganos directivos:

a) El Alcalde.
b) El titular de la asesoría jurídica.
c) Los miembros de la Junta de Gobierno Local.
d) Las respuestas a) y c) son correctas.

13. En los municipios de gran población para la defensa de los derechos de los vecinos ante la Administración municipal el Pleno creará:

a) Un órgano de gestión económico-financiera.
b) Una Comisión especial de Sugerencias y Reclamaciones.
c) Un órgano para la resolución de las reclamaciones económico-administrativas.
d) Un órgano de gestión tributaria.

14. En los municipios de gran población el dictamen sobre los proyectos de ordenanzas fiscales corresponderá a:

a) Un órgano de gestión económico-financiera.
b) Una Comisión especial de Sugerencias y Reclamaciones.
c) Un órgano para la resolución de las reclamaciones económico-administrativas.
d) Un órgano de gestión tributaria.

15. El Municipio no ejercerá como competencia propia:

a) Tráfico, estacionamiento de vehículos y movilidad.
b) Abastecimiento de agua potable a domicilio.
c) Administración de Justicia.
d) Cementerios y actividades funerarias.

Solución al test n.º 9

1. d) Los municipios que tradicional y voluntariamente cuenten con ese singular régimen de gobierno y administración.

2. a) El Alcalde, los Tenientes de Alcalde y el Pleno existen en todos los Ayuntamientos.

3. a) Existe en todos los municipios.

4. c) El Concejal que haya obtenido la mayoría absoluta de los votos de los concejales.

5. c) Señoría en los municipios que no sean capitales de provincia ni las ciudades de Madrid y Barcelona.

6. d) Todas las respuestas son verdaderas.

7. b) La aprobación del reglamento orgánico y de las ordenanzas.

8. a) La alteración de la calificación jurídica de los bienes de dominio público.

9. a) No superior al tercio del número legal de los mismos.

10. a) A los municipios que sean capitales autonómicas.

11. b) La aprobación del proyecto de presupuesto.

12. b) El titular de la asesoría jurídica.

13. b) Una Comisión especial de Sugerencias y Reclamaciones.

14. c) Un órgano para la resolución de las reclamaciones económico-administrativas.

15. c) Administración de Justicia.

La Provincia: evolución, elementos esenciales. Competencias de la provincia. Organización provincial y competencias de los órganos

1. De acuerdo con el artículo 141.1 de la Constitución española:

a) La Provincia es una Entidad Local con personalidad jurídica propia, determinada por la agrupación de Municipios y división territorial para el cumplimiento de las actividades de la Comunidad Autónoma.

b) La Provincia es una Entidad Local con personalidad jurídica propia, determinada por la agrupación de comarcas y división territorial para el cumplimiento de las actividades del Estado.

c) La Provincia es una Entidad Local con personalidad jurídica propia, determinada por la agrupación de Municipios y división territorial para el cumplimiento de las actividades del Estado.

d) La Provincia es una Entidad Local con personalidad jurídica propia, determinada por la agrupación de Municipios y división territorial para el cumplimiento de los fines de la Unión Europea.

2. El Decreto de Javier de Burgos fue:

a) El que realizó la efectiva división provincial y fue aprobado en el año 1833.

b) El que aprobó la extinción de las Diputaciones Provinciales en Cataluña.

c) El que realizó la efectiva división provincial y fue aprobado en el año 1843.

d) El que abogó por el carácter regionalista de la provincia.

3. Según la Constitución española:

a) En los Archipiélagos, las Islas tendrán además su administración propia en forma de Cabildos o Consejos.

b) El gobierno y la administración autónoma de las Provincias estarán encomendados a los Ayuntamientos.

c) La Provincia es circunscripción electoral para la elección de Diputados y Senadores.

d) Las respuestas a) y c) son correctas.

4. El territorio de la Nación española se divide en:

a) 40 Provincias.
b) 54 Provincias.
c) 60 Provincias.
d) 50 Provincias.

5. Son fines propios y específicos de la Provincia:

a) Asegurar la prestación integral y adecuada en la totalidad del territorio provincial de los servicios de competencia regional.
b) Participar en la coordinación de la Comunidad Autónoma y el Estado.
c) Garantizar los principios de solidaridad y equilibrio intermunicipales.
d) Asegurar la prestación integral y adecuada en la totalidad del territorio municipal de los servicios públicos.

6. El Presidente de la Diputación deberá jurar o prometer el cargo:

a) Ante la Subdelegación del Gobierno.
b) Ante la Delegación del Gobierno.
c) Ante el Pleno de la misma.
d) Ante el Consejo de Diputaciones.

7. El mandato del Presidente de la Diputación será:

a) Por cinco años, pero puede ser destituido de su cargo mediante moción de censura o por la pérdida de una cuestión de confianza.
b) Por seis años, pero puede ser destituido de su cargo mediante moción de censura o por la pérdida de una cuestión de confianza.
c) Por cuatro años, pero puede ser destituido de su cargo mediante moción de censura o por la pérdida de una cuestión de confianza.
d) Por cuatro años, pero puede ser destituido de su cargo por votación de la mitad de los diputados provinciales.

8. No es una atribución del Presidente de la Diputación:

a) El planteamiento de conflictos de competencias a otras Entidades locales y demás Administraciones Públicas.
b) El ejercicio de las acciones judiciales y administrativas y la defensa de la Diputación en las materias de su competencia.
c) Representar a la Diputación.
d) Aprobar las bases de las pruebas para la selección del personal.

9. Corresponde al Presidente de la Diputación:

a) El ejercicio de las acciones judiciales y administrativas y la defensa en cualquier materia.
b) El despido del personal laboral.

c) La organización de la Diputación.
d) Ninguna respuesta es correcta.

10. El Presidente de la Diputación puede delegar el ejercicio de sus atribuciones, salvo:

a) El despido del personal laboral.
b) Concertar operaciones de crédito.
c) Aprobar la oferta de empleo público.
d) Las respuestas a) y b) son correctas.

11. Si una provincia tiene entre 500.001 a 1.000.000 residentes le corresponderá el siguiente número de Diputados:

a) 51.
b) 27.
c) 25.
d) 31.

12. Los Diputados se repartirán entre los Partidos Judiciales de la correspondiente Provincia, mediante el sistema de:

a) Asignar a cada Partido Judicial dos Diputados y distribuir los restantes proporcionalmente a la población de los mismos.
b) Asignar a cada Partido Judicial un Diputado y distribuir los restantes proporcionalmente a la población de los mismos.
c) Asignar a cada Partido Judicial diez Diputados y distribuir los restantes proporcionalmente a la población de los mismos.
d) Asignar a cada Partido Judicial dos Diputados y distribuir los restantes por el sistema de D'Hondt.

13. No corresponde al Pleno de la Diputación:

a) La aprobación de la plantilla de personal y la relación de puestos de trabajo.
b) La aprobación de los planes de carácter provincial.
c) Distribuir las retribuciones complementarias que no sean fijas y periódicas.
d) La declaración de lesividad de los actos de la Diputación.

14. Es una atribución de la Junta de Gobierno de la Diputación:

a) La asistencia al Pleno en el ejercicio de sus atribuciones.
b) La asistencia a las Comisiones Informativas en el ejercicio de sus atribuciones.
c) La asistencia al Presidente en el ejercicio de sus atribuciones.
d) Las atribuciones que el Pleno le delegue.

15. ¿Se puede perder la condición de Vicepresidente de la Diputación?

a) En ningún caso.

b) Sí, por renuncia expresa manifestada por escrito y por pérdida de la condición de miembro de la Junta de Gobierno.

c) Sí, por renuncia expresa manifestada oralmente y por pérdida de la condición de miembro de la Junta de Gobierno.

d) Sí, por renuncia expresa y por pérdida de la condición de miembro del Pleno.

En MADTEST tienes **más preguntas de este tema**, y todos tus avances quedan registrados y se reflejan en el ranking.

¡Supera tus límites con MADTEST!

Solución al test n.º 10

1. c) La Provincia es una Entidad Local con personalidad jurídica propia, determinada por la agrupación de Municipios y división territorial para el cumplimiento de las actividades del Estado.

2. a) El que realizó la efectiva división provincial y fue aprobado en el año 1833.

3. d) Las respuestas a) y c) son correctas.

4. d) 50 Provincias.

5. c) Garantizar los principios de solidaridad y equilibrio intermunicipales.

6. c) Ante el Pleno de la misma.

7. c) Por cuatro años, pero puede ser destituido de su cargo mediante moción de censura o por la pérdida de una cuestión de confianza.

8. a) El planteamiento de conflictos de competencias a otras Entidades locales y demás Administraciones Públicas.

9. b) El despido del personal laboral.

10. d) Las respuestas a) y b) son correctas.

11. b) 27.

12. b) Asignar a cada Partido Judicial un Diputado y distribuir los restantes proporcionalmente a la población de los mismos.

13. c) Distribuir las retribuciones complementarias que no sean fijas y periódicas.

14. c) La asistencia al Presidente en el ejercicio de sus atribuciones.

15. b) Sí, por renuncia expresa manifestada por escrito y por pérdida de la condición de miembro de la Junta de Gobierno.

Haciendas locales. Clasificación de los recursos. Conceptos generales. Potestad tributaria de los Entes locales. Fases de la potestad tributaria . Fiscalidad de las Haciendas locales. Clasificación de los ingresos. Ordenanzas Fiscales. Tramitación de las Ordenanzas y acuerdos. Contenido. Entrada en vigor

1. De conformidad con el artículo 142 de la Constitución Española:

a) Las Haciendas Locales deberán disponer de los medios suficientes para el desempeño de las funciones que la ley atribuye a las Corporaciones respectivas.
b) Las Haciendas Locales deberán disponer de los medios necesarios para el desempeño de las funciones que la ley atribuye a las Corporaciones respectivas.
c) Las Haciendas Locales deberán disponer de los medios suficientes para el desempeño de las necesidades que la ley atribuye a las Corporaciones respectivas.
d) Las Haciendas Locales deberán disponer de los medios suficientes para el desempeño de las actividades que la ley atribuye a las Corporaciones respectivas.

2. Según la Ley de Bases de Régimen Local:

a) Las Haciendas Locales se nutren, además de tributos propios y de las participaciones reconocidas en los del Estado y en los de las Comunidades Autónomas, de aquellos otros recursos que prevé la ley.
b) Las Haciendas Locales se nutren, además de tributos propios, de las participaciones reconocidas en los del Estado y en los de las Comunidades Autónomas.
c) Las Haciendas Locales se nutren, además de tributos propios, de las participaciones reconocidas en los del Estado.
d) Las Haciendas Locales se nutren, además de tributos propios, de las participaciones reconocidas en los de las Comunidades Autónomas.

3. Solo podrán establecerse prestaciones personales o patrimoniales de carácter público:

a) Con arreglo a la ley.
b) Con arreglo a la norma.

c) Con arreglo a los reglamentos.

d) Con arreglo a los Reales Decretos.

4. ¿Tienen las Entidades Locales potestad tributaria?

a) Sí, de carácter secundario.

b) Sí, de carácter primario.

c) No.

d) Solo la tiene el Estado.

5. La potestad reglamentaria de las Entidades Locales en materia tributaria se ejercerá a través de:

a) Ordenanzas Generales de Gestión, Recaudación e Inspección.

b) Ordenanzas Fiscales reguladoras de sus propios tributos.

c) Las respuestas anteriores son correctas.

d) Ordenanzas Fiscales reguladoras de las tasas.

6. La Hacienda de las Entidades Locales estará constituida por los siguientes recursos:

a) Las subvenciones.

b) El producto de las operaciones de crédito.

c) El producto de las multas y sanciones.

d) Todas las respuestas son verdaderas.

7. ¿Qué ingresos tienen la consideración de derecho privado?

a) Las adquisiciones a título de herencia, legado o donación.

b) Los rendimientos o productos de cualquier naturaleza derivados del patrimonio.

c) Las adquisiciones mediante contratos.

d) Las respuestas a) y b) son correctas.

8. Tendrán la consideración de tasas las prestaciones patrimoniales que establezcan las Entidades locales por:

a) El coste de las obras.

b) La utilización privativa o el aprovechamiento especial del dominio público local.

c) Las actividades administrativas de toda clase.

d) Ninguna respuesta es correcta.

9. El importe de las contribuciones especiales no podrá exceder de:

a) 50 por 100 del coste de la obra que el Municipio soporte.

b) 90 por 100 del coste de la obra que el Municipio soporte.

c) 70 por 100 del coste de la obra que el Municipio soporte.
d) 80 por 100 del coste de la obra que el Municipio soporte.

10. Los Ayuntamientos podrán establecer y exigir el siguiente impuesto:

a) Impuesto sobre Bienes Inmuebles.
b) Impuesto sobre Vehículos de Tracción Mecánica.
c) Impuesto sobre el Incremento de Valor de los Terrenos de Naturaleza Urbana.
d) Impuesto sobre Actividades Económicas.

11. Las Entidades Locales podrán percibir subvenciones de toda índole con destino a sus obras y servicios:

a) Que no podrán ser aplicadas a atenciones distintas de aquellas para las que fueron otorgadas, salvo, en su caso, los sobrantes no reintegrables cuya utilización no estuviese prevista en la concesión.
b) Que no podrán ser aplicadas a atenciones distintas de aquellas para las que fueron otorgadas.
c) Que podrán ser aplicadas a atenciones distintas de aquellas para las que fueron otorgadas.
d) Que podrán ser aplicadas a atenciones distintas de aquellas para las que fueron otorgadas salvo, en su caso, los sobrantes no reintegrables.

12. Todas las operaciones financieras que suscriban las Corporaciones Locales están sujetas:

a) Al principio de anualidad.
b) Al principio de prudencia financiera.
c) Al principio de ejecución presupuestaria.
d) Al principio de especificación.

13. ¿Pueden las entidades locales acudir al crédito privado a largo plazo?

a) Sí, pudiendo instrumentarse a través de contratación de préstamos o créditos.
b) Sí, pudiendo instrumentarse a través de emisión de deuda privada.
c) Sí, pudiendo instrumentarse a través de conversión y sustitución total o parcial de operaciones futuras.
d) Todas las respuestas son verdaderas.

14. La prestación personal y de transporte podrá ser exigible:

a) Por los Ayuntamientos con población de derecho no superior a 3.000 habitantes.
b) Por los Ayuntamientos con población de derecho no superior a 4.000 habitantes.
c) Por las Entidades de ámbito inferior al municipio.
d) Por los Ayuntamientos con población de derecho no superior a 5.000 habitantes.

15. La competencia para conocer y resolver un recurso de reposición en materia tributaria será del:

a) Órgano de la Entidad Local superior al que haya dictado el acto administrativo impugnado.

b) Órgano de la Entidad Local que haya dictado el acto administrativo impugnado.

c) Órgano de la Entidad Local que haya delegado el dictado del acto administrativo impugnado.

d) Del alcalde o presidente.

En MADTEST tienes **más preguntas de este tema**, y todos tus avances quedan registrados y se reflejan en el ranking.

¡Supera tus límites con MADTEST!

Solución al test n.º 11

1. a) Las Haciendas Locales deberán disponer de los medios suficientes para el desempeño de las funciones que la ley atribuye a las Corporaciones respectivas.

2. a) Las Haciendas Locales se nutren, además de tributos propios y de las participaciones reconocidas en los del Estado y en los de las Comunidades Autónomas, de aquellos otros recursos que prevé la ley.

3. a) Con arreglo a la ley.

4. a) Sí, de carácter secundario.

5. c) Las respuestas anteriores son correctas.

6. d) Todas las respuestas son verdaderas.

7. d) Las respuestas a) y b) son correctas.

8. b) La utilización privativa o el aprovechamiento especial del dominio público local.

9. b) 90 por 100 del coste de la obra que el Municipio soporte.

10. c) Impuesto sobre el Incremento de Valor de los Terrenos de Naturaleza Urbana.

11. a) Que no podrán ser aplicadas a atenciones distintas de aquellas para las que fueron otorgadas, salvo, en su caso, los sobrantes no reintegrables cuya utilización no estuviese prevista en la concesión.

12. b) Al principio de prudencia financiera.

13. a) Sí, pudiendo instrumentarse a través de contratación de préstamos o créditos.

14. d) Por los Ayuntamientos con población de derecho no superior a 5.000 habitantes.

15. b) Órgano de la Entidad Local que haya dictado el acto administrativo impugnado.

La Ley 31/1995, de 8 de noviembre, Prevención de Riesgos Laborales: Objeto y ámbito de aplicación. Nociones básicas de Seguridad e Higiene en el Trabajo

1. ¿Cuál es la vigente Ley de Prevención de Riesgos Laborales?

a) Ley 32/1995, de 8 de noviembre.
b) Ley 30/1996, de 8 de noviembre.
c) Ley 31/1995, de 6 de noviembre.
d) Ley 31/1995, de 8 de noviembre.

2. La Ley de Prevención de Riesgos laborales, tiene por objeto:

a) Prevenir los accidentes en general.
b) Evitar riesgos en el recorrido al puesto de trabajo.
c) Promover la seguridad y la salud de los trabajadores.
d) Que cada vez haya menos accidentes de tráfico.

3. Qué se entiende por "riesgo laboral":

a) La posibilidad de que un trabajador sufra un determinado daño derivado del trabajo.
b) La posibilidad de que un trabajador sufra una enfermedad en el trabajo.
c) La posibilidad de que un trabajador sufra acoso.
d) El riesgo que supone el ir a trabajar.

4. Indica cuál es la definición de prevención:

a) La probabilidad racional de que un riesgo se materialice de forma inminente.
b) El estudio de los procesos potencialmente peligrosos para el trabajo.
c) Conjunto de actividades o medidas adoptadas o previstas en todas las fases de actividad de la empresa con el fin de evitar o disminuir los riesgos derivados del trabajo.
d) Posibilidad de que un trabajador sufra un determinado daño derivado del trabajo.

5. Según establece el art. 4 de la Ley 31/1995, de 8 de noviembre, de Prevención de Riesgos Laborales, se define como daños derivados del trabajo:

a) La posibilidad de que un trabajador sufra un determinado daño derivado del trabajo.
b) El que resulte probable racionalmente que se materialice en un futuro inmediato y pueda suponer y pueda suponer un daño grave para la salud de los trabajadores.
c) Las enfermedades, patologías o lesiones sufridas con motivo u ocasión del trabajo.
d) Cualquier máquina, aparato, instrumento o instalación utilizada en el trabajo.

6. Para calificar un riesgo desde el punto de vista de su gravedad, se valorarán conjuntamente la severidad del daño y:

a) La probabilidad de que se produzca.
b) La cantidad de trabajadores de la empresa.
c) La existencia o no de equipos individuales de protección.
d) Las condiciones de trabajo.

7. ¿Quién debe garantizar a los trabajadores la vigilancia periódica de su estado de salud en función de los riesgos inherentes al trabajo?

a) La Inspección de Trabajo.
b) El propio trabajador.
c) El empresario.
d) Las secciones sindicales.

8. El derecho básico reconocido a los trabajadores por la Ley 31/1995, de 8 de noviembre, es:

a) La vigilancia de su estado de salud.
b) Una protección eficaz en materia de seguridad y salud en el trabajo.
c) La formación en materia preventiva.
d) La información, consulta y participación.

9. ¿Cuál de los siguientes principios generales de la acción preventiva a aplicar en el trabajo, contenidos en la Ley de Prevención de Riesgos Laborales, es incorrecto?

a) Evaluar los riesgos que no se pueden evitar.
b) Priorizar medidas individuales a las colectivas.
c) Combatir los riesgos en su origen.
d) Tener en cuenta la evolución de la técnica.

10. En el marco de sus responsabilidades, el empresario realizará la prevención de los riesgos laborales mediante la integración en la empresa de:

a) Los equipos de protección individual.
b) Los Servicios de Prevención propios.

c) La actividad preventiva.
d) La normativa comunitaria.

11. En relación a la vigilancia de la salud que ha de garantizar el empresario, el acceso a la información médica de carácter personal:

a) Se limitará al empresario y a los Servicios de Prevención propios.
b) Se limitará al Jefe inmediato del trabajador.
c) Sólo será accesible al propio trabajador.
d) Se limitará al personal médico y a las autoridades sanitarias que lleven a cabo la vigilancia.

12. En relación a la vigilancia de la salud, no es cierto que:

a) El derecho a la vigilancia periódica del estado de salud puede prolongarse más allá de la finalización de la relación laboral.
b) Las medidas de vigilancia y control se llevarán a cabo por personal sanitario.
c) Los resultados de la vigilancia de la salud serán comunicados a los representantes de los trabajadores.
d) Se deberá optar por la realización de aquellos reconocimientos o pruebas que causen las menores molestias al trabajador.

13. Según la Ley de Prevención de Riesgos Laborales, es obligación de los trabajadores en materia de prevención de riesgos:

a) La protección eficaz en materia de seguridad y salud en el trabajo.
b) Utilizar correctamente los medios y equipos de protección facilitados por el empresario, de acuerdo con las instrucciones recibidas de éste.
c) Soportar el coste de las medidas relativas a la seguridad y la salud en el trabajo.
d) Desarrollar una acción permanente de seguimiento de la actividad preventiva.

14. Cuando los trabajadores estén expuestos a un riesgo grave e inminente con ocasión de su trabajo, y el empresario no adopte o no permita la adopción de las medidas necesarias para garantizar la seguridad y la salud de los trabajadores, la Ley 31/1995, de 8 de noviembre, de Prevención de Riesgos Laborales prevé que:

a) Los trabajadores afectados podrán paralizar la actividad.
b) El órgano de representación del personal instará formalmente al empresario a la adopción de las medidas necesarias.
c) Los Delegados de Prevención lo comunicarán a la autoridad laboral, que adoptará las medidas necesarias.
d) El órgano de representación de personal podrá acordar la paralización de la actividad.

15. ¿Cuándo se deben utilizar los equipos de protección individual?

a) Siempre.
b) Cuando los riesgos no hayan sido evaluados.
c) Cuando los riesgos no se puedan evitar o no puedan limitarse.
d) Cuando el trabajador lo estime oportuno.

En MADTEST tienes **más preguntas de este tema**, y todos tus avances quedan registrados y se reflejan en el ranking.

¡Supera tus límites con MADTEST!

Solución al test n.º 12

1. d) Ley 31/1995, de 8 de noviembre.

2. c) Promover la seguridad y la salud de los trabajadores.

3. a) La posibilidad de que un trabajador sufra un determinado daño derivado del trabajo.

4. c) Conjunto de actividades o medidas adoptadas o previstas en todas las fases de actividad de la empresa con el fin de evitar o disminuir los riesgos derivados del trabajo.

5. c) Las enfermedades, patologías o lesiones sufridas con motivo u ocasión del trabajo.

6. a) La probabilidad de que se produzca.

7. c) El empresario.

8. b) Una protección eficaz en materia de seguridad y salud en el trabajo.

9. b) Priorizar medidas individuales a las colectivas.

10. c) La actividad preventiva.

11. d) Se limitará al personal médico y a las autoridades sanitarias que lleven a cabo la vigilancia.

12. c) Los resultados de la vigilancia de la salud serán comunicados a los representantes de los trabajadores.

13. b) Utilizar correctamente los medios y equipos de protección facilitados por el empresario, de acuerdo con las instrucciones recibidas de éste.

14. d) El órgano de representación de personal podrá acordar la paralización de la actividad.

15. c) Cuando los riesgos no se puedan evitar o no puedan limitarse.

La Ley Orgánica 3/2018, de 5 de diciembre, de Protección de datos de carácter personal y garantía de los derechos digitales. Reglamento general de protección de datos

1. El RGPD señala al determinar cuál es su objeto, que la libre circulación de los datos personales en la Unión:

a) Podrá ser restringida y prohibida por motivos relacionados con la protección de las personas físicas en lo que respecta al tratamiento de datos personales.

b) Podrá ser restringida, pero no prohibida, por motivos relacionados con la protección de las personas físicas en lo que respecta al tratamiento de datos personales.

c) No podrá ser restringida ni prohibida por motivos relacionados con la protección de las personas físicas en lo que respecta al tratamiento de datos personales.

d) No podrá ser restringida, pero sí prohibida, por motivos relacionados con la protección de las personas físicas en lo que respecta al tratamiento de datos personales.

2. En virtud de qué principio previsto por el Reglamento General de Protección de Datos, los datos personales serán adecuados, pertinentes y limitados a lo necesario en relación con los fines para los que son tratados:

a) Principio de exactitud.
b) Principio de limitación de la finalidad.
c) Principio de responsabilidad proactiva.
d) Principio de minimización de datos.

3. En relación al consentimiento, el Reglamento General de Protección de Datos dispone que:

a) El consentimiento puede deducirse del silencio o de la inacción de los ciudadanos.

b) Se permite el llamado consentimiento tácito.

c) No es admisible el consentimiento del interesado dado en el contexto de una declaración escrita que también se refiera a otros asuntos.

d) Quienes recopilen datos personales deben ser capaces de demostrar que el afectado les otorgó su consentimiento.

4. Según el artículo 5 del *Reglamento (UE) 2016/679, de 27 de abril, relativo a la protección de las personas físicas en lo que respecta al tratamiento de datos personales y a la libre circulación de estos datos*, los datos personales serán tratados, en relación con el interesado, de manera lícita, leal y:

a) Fiable.
b) Segura.
c) Confidencial.
d) Transparente.

5. Según el *Reglamento (UE) 2016/679, de 27 de abril, relativo a la protección de las personas físicas en lo que respecta al tratamiento de datos personales y a la libre circulación de estos datos*, para poder considerar que el consentimiento del interesado para el tratamiento de sus datos personales es inequívoco:

a) Se requerirá declaración jurada del interesado donde manifieste su conformidad.
b) Se precisa contrato de cesión de datos personales.
c) Deberá existir una declaración del interesado o una acción positiva que manifieste su conformidad.
d) Bastará con el consentimiento por silencio, casillas ya marcadas o inacción.

6. En relación al consentimiento del interesado al tratamiento de datos de carácter personal, es cierto que:

a) En ningún caso se puede obligar a nadie a facilitar sus datos.
b) El consentimiento ha de ser previo a la información sobre el tratamiento.
c) Si se puede consentir libremente, del mismo modo, se puede retirar el consentimiento.
d) La solicitud del consentimiento deberá ir referida a todos los tratamientos que se puedan dar en un plazo determinado.

7. El RGPD denomina a la autoridad pública independiente establecida por un Estado miembro:

a) Agencia Nacional de Protección de Datos.
b) Representante.
c) Autoridad de control.
d) Autoridad de referencia.

8. El RGPD lo define como la persona física o jurídica, autoridad pública, servicio u otro organismo que trate datos personales por cuenta del responsable del tratamiento:

a) El Delegado.
b) El Encargado.

c) El Representante.
d) El Tratante.

9. El artículo 4 de la LO 3/2018 señala que, conforme al artículo 5.1.d) del Reglamento (UE) 2016/679, los datos serán exactos y, si fuere necesario:

a) Actualizados.
b) Aproximados.
c) Normalizados.
d) Digitalizados.

10. Señalar la opción incorrecta. No será imputable al responsable del tratamiento, siempre que este haya adoptado todas las medidas razonables para que se supriman o rectifiquen sin dilación, la inexactitud de los datos personales, con respecto a los fines para los que se tratan, cuando los datos inexactos:

a) Hubiesen sido obtenidos por el responsable directamente del encargado.
b) Hubiesen sido obtenidos por el responsable de un mediador o intermediario en caso de que las normas aplicables al sector de actividad al que pertenezca el responsable del tratamiento establecieran la posibilidad de intervención de un intermediario o mediador que recoja en nombre propio los datos de los afectados para su transmisión al responsable.
c) Fuesen sometidos a tratamiento por el responsable por haberlos recibido de otro responsable en virtud del ejercicio por el afectado del derecho a la portabilidad.
d) Fuesen obtenidos de un registro público por el responsable.

11. Conforme al artículo 5.1 de la LO 3/2018, estarán sujetas al deber de confidencialidad:

a) Únicamente los responsables del tratamiento.
b) Los responsables y encargados del tratamiento.
c) Los responsables y encargados del tratamiento de datos así como todas las personas que intervengan en cualquier fase de este.
d) Los responsables y encargados del tratamiento de datos así como todas las personas que intervengan en todas las fases de este.

12. Conforme a los artículos 4.11 del RGPD y 6.1 de la LO 3/2018, se entiende por *consentimiento del afectado* la aceptación, ya sea mediante una declaración o una clara acción afirmativa, del tratamiento de datos personales que le conciernen manifestada por voluntad libre, de forma específica, informada e/y:

a) Detallada.
b) Unitaria.
c) Inequívoca.
d) Por escrito.

13. Según el artículo 6.2 de la Ley Orgánica 3/2018 de Protección de Datos Personales y garantía de los derechos digitales, cuando se pretenda fundar el tratamiento de los datos en el consentimiento del afectado para una pluralidad de finalidades, será preciso que conste de manera específica e inequívoca que dicho consentimiento se otorga:

a) Por un periodo de tiempo.
b) Irrevocablemente.
c) Para todas ellas.
d) Por interés público.

14. Los datos personales serán tratados de tal manera que se garantice una seguridad adecuada de los mismos, incluida la protección contra el tratamiento no autorizado o ilícito y contra su pérdida, destrucción o daño accidental, mediante la aplicación de medidas técnicas u organizativas apropiadas; todo ello en virtud del principio de:

a) Responsabilidad proactiva.
b) Integridad y confidencialidad.
c) Limitación de la finalidad.
d) Licitud, lealtad y transparencia.

15. Conforme al principio de limitación de la finalidad, los datos personales serán recogidos con fines determinados, explícitos y:

a) Limitados.
b) Transparentes.
c) Compatibles.
d) Legítimos.

En MADTEST tienes **más preguntas de este tema**, y todos tus avances quedan registrados y se reflejan en el ranking.

¡Supera tus límites con MADTEST!

Solución al test n.º 13

1. c) No podrá ser restringida ni prohibida por motivos relacionados con la protección de las personas físicas en lo que respecta al tratamiento de datos personales.

2. d) Principio de minimización de datos.

3. d) Quienes recopilen datos personales deben ser capaces de demostrar que el afectado les otorgó su consentimiento.

4. d) Transparente.

5. c) Deberá existir una declaración del interesado o una acción positiva que manifieste su conformidad.

6. c) Si se puede consentir libremente, del mismo modo, se puede retirar el consentimiento.

7. c) Autoridad de control.

8. b) El Encargado.

9. a) Actualizados.

10. a) Hubiesen sido obtenidos por el responsable directamente del encargado.

11. c) Los responsables y encargados del tratamiento de datos así como todas las personas que intervengan en cualquier fase de este.

12. c) Inequívoca.

13. c) Para todas ellas.

14. b) Integridad y confidencialidad.

15. d) Legítimos.

Normativa estatal, autonómica y local en materia de igualdad:
La obligación administrativa de empleo de un lenguaje inclusivo.
Definición de acoso sexual y acoso por razón de sexo.
Presupuestos con enfoque de género

1. En el marco de la configuración constitucional del ordenamiento jurídico español, la consideración de la igualdad entre mujeres y hombres como valor superior implica que dicha igualdad:

a) Actúa como criterio informador del conjunto del sistema jurídico.
b) Se vincula principalmente a la garantía de derechos fundamentales concretos.
c) Se proyecta en ámbitos específicos de la actuación administrativa.
d) Se articula a través de políticas públicas sectoriales.

2. La referencia a la dignidad de la persona, como fundamento del orden político y de la paz social, proyectada sobre la igualdad entre mujeres y hombres, determina que la actuación de los poderes públicos:

a) Deba orientarse a garantizar un tratamiento jurídico uniforme en todas las situaciones.
b) Se dirija principalmente a la regulación de situaciones jurídicas individuales.
c) Deba garantizar condiciones reales de autonomía, reconocimiento y participación efectiva.
d) Se proyecte prioritariamente en el ámbito social.

3. La inclusión expresa del sexo entre las causas de discriminación prohibidas por el artículo 14 de la Constitución comporta, desde una perspectiva material, que:

a) Las diferencias de trato deban responder a criterios normativos formales.
b) La igualdad opere como principio de interpretación normativa.
c) La actuación administrativa deba adecuarse a criterios de oportunidad.
d) Las medidas que generen efectos desfavorables vinculados al sexo queden sometidas a un control reforzado.

4. El artículo 9.2 de la Constitución, al imponer a los poderes públicos la obligación de promover condiciones para que la igualdad sea real y efectiva, introduce una concepción de la igualdad caracterizada por:

a) Su vinculación con el desarrollo legislativo.
b) La exigencia de actuación positiva por parte de los poderes públicos.
c) Su proyección en ámbitos determinados de la acción pública.
d) Su función interpretativa en el ordenamiento.

5. En la evolución del principio de igualdad en el ordenamiento jurídico, la noción de igualdad material se caracteriza por exigir que los poderes públicos:

a) Apliquen las normas conforme a criterios generales de uniformidad jurídica.
b) Atiendan a las condiciones reales en que mujeres y hombres ejercen sus derechos y oportunidades.
c) Mantengan una posición de neutralidad en el diseño de las políticas públicas.
d) Fundamenten su actuación en criterios formales de igualdad ante la ley.

6. La transversalidad de género, como técnica jurídica y de gestión pública incorporada al ordenamiento, implica que el principio de igualdad entre mujeres y hombres:

a) Se integre en fases finales de la actuación administrativa.
b) Se articule mediante actuaciones específicas de determinados órganos.
c) Se incorpore desde el diseño, ejecución y evaluación de las políticas públicas.
d) Se proyecte en ámbitos concretos de intervención administrativa.

7. Desde la perspectiva de la transversalidad de género, la actuación pública requiere una base instrumental que permita comprobar si una medida produce efectos distintos sobre mujeres y hombres, lo que exige disponer de:

a) Criterios generales de organización administrativa.
b) Actuaciones normativas de carácter prioritario.
c) Técnicas de coordinación entre órganos competentes.
d) Instrumentos de análisis y evaluación de impactos diferenciados por razón de género.

8. La consideración de la igualdad como principio transversal de la actuación pública implica que su aplicación alcance de manera efectiva:

a) El conjunto de la organización y de la actividad administrativa.
b) Los ámbitos vinculados a políticas sociales.
c) Las actuaciones normativas de carácter general.
d) Los procedimientos administrativos concretos.

9. En el plano del Derecho internacional, la Convención sobre la eliminación de todas las formas de discriminación contra la mujer resulta relevante porque ofrece una formulación de la discriminación contra la mujer que:

a) Atiende tanto al objeto de la medida como a sus resultados lesivos sobre el ejercicio de derechos.

b) Vincula su apreciación a la existencia de una diferencia de trato expresamente establecida en una norma interna.

c) Circunscribe su aplicación a los supuestos producidos en el ámbito de la participación política y del acceso a cargos públicos.

d) Conecta su tutela de manera preferente con la adopción de mecanismos jurisdiccionales internos de carácter sancionador.

10. En el ámbito del Derecho de la Unión Europea, la igualdad entre mujeres y hombres se configura jurídicamente como:

a) Un principio de carácter interpretativo.

b) Una política sectorial específica.

c) Un criterio aplicable a determinadas actuaciones.

d) Un objetivo que debe integrarse en el conjunto de las acciones de la Unión.

11. La Ley Orgánica 3/2007, para la igualdad efectiva de mujeres y hombres, se caracteriza por:

a) Regular el empleo público desde la perspectiva de la igualdad.

b) Establecer principios aplicables a determinados sectores de actividad.

c) Configurar un modelo de igualdad de carácter material y transversal.

d) Desarrollar la igualdad en el ámbito laboral.

12. El artículo 4 de la Ley Orgánica 3/2007 atribuye a la igualdad de trato y de oportunidades entre mujeres y hombres la condición de:

a) Principio aplicable a la actividad administrativa.

b) Criterio organizativo del sector público.

c) Instrumento de actuación pública.

d) Principio informador del ordenamiento jurídico.

13. El objeto de la Ley Orgánica 3/2007 consiste en:

a) Hacer efectivo el derecho de igualdad de trato y de oportunidades entre mujeres y hombres.

b) Regular las relaciones laborales desde la perspectiva de género.

c) Establecer políticas públicas de igualdad.

d) Ordenar la actuación administrativa en materia de igualdad.

14. El principio de igualdad de trato entre mujeres y hombres, conforme a la Ley Orgánica 3/2007, implica:

a) La existencia de diferencias de trato justificadas en determinados ámbitos.
b) La ausencia de discriminación directa o indirecta por razón de sexo.
c) La adopción de medidas de acción positiva.
d) La aplicación de criterios de igualdad formal.

15. La integración del principio de igualdad en las políticas públicas se caracteriza por:

a) Su proyección en ámbitos sectoriales.
b) Su vinculación con la actividad normativa.
c) Su incorporación activa en la adopción y ejecución de las actuaciones públicas.
d) Su desarrollo mediante programas específicos.

En MADTEST tienes **más preguntas de este tema**, y todos tus avances quedan registrados y se reflejan en el ranking.

¡Supera tus límites con MADTEST!

Solución al test n.º 14

1. a) Actúa como criterio informador del conjunto del sistema jurídico.

2. c) Deba garantizar condiciones reales de autonomía, reconocimiento y participación efectiva.

3. d) Las medidas que generen efectos desfavorables vinculados al sexo queden sometidas a un control reforzado.

4. b) La exigencia de actuación positiva por parte de los poderes públicos.

5. b) Atiendan a las condiciones reales en que mujeres y hombres ejercen sus derechos y oportunidades.

6. c) Se incorpore desde el diseño, ejecución y evaluación de las políticas públicas.

7. d) Instrumentos de análisis y evaluación de impactos diferenciados por razón de género.

8. a) El conjunto de la organización y de la actividad administrativa.

9. a) Atiende tanto al objeto de la medida como a sus resultados lesivos sobre el ejercicio de derechos.

10. d) Un objetivo que debe integrarse en el conjunto de las acciones de la Unión.

11. c) Configurar un modelo de igualdad de carácter material y transversal.

12. d) Principio informador del ordenamiento jurídico.

13. a) Hacer efectivo el derecho de igualdad de trato y de oportunidades entre mujeres y hombres.

14. b) La ausencia de discriminación directa o indirecta por razón de sexo.

15. c) Su incorporación activa en la adopción y ejecución de las actuaciones públicas.

Normativa estatal y autonómica en materia de violencia de género: La ampliación del concepto de víctima en la normativa andaluza y derechos de las víctimas de violencia de género

1. La noción jurídica de violencia de género en el ordenamiento español no se construye como una categoría neutra de violencia interpersonal. ¿Qué elemento permite identificarla específicamente?

a) Su vinculación con la discriminación, la desigualdad y las relaciones de poder de los hombres sobre las mujeres.

b) Su inclusión en cualquier situación de violencia en el ámbito familiar, con independencia del vínculo existente y del contexto en que se produce.

c) Su identificación con la violencia ejercida en la pareja o expareja, aun cuando no concurra un componente discriminatorio ligado al sexo.

d) Su encuadre prioritario en conductas delictivas y en la reacción penal, sin integrar medidas preventivas y de apoyo a las víctimas.

2. Para que una situación encaje en el concepto estatal de violencia de género, no basta con que la víctima sea una mujer, sino que debe concurrir un vínculo concreto con el agresor. ¿Cuál es ese vínculo?

a) Una convivencia efectiva en el momento de los hechos.

b) Una relación de parentesco directo.

c) Una relación afectiva presente o pasada, aun sin convivencia.

d) Un matrimonio vigente en el momento de la agresión.

3. La violencia de género presenta una afectación constitucional amplia porque no compromete únicamente la integridad de la víctima. ¿Qué opción expresa mejor esa proyección múltiple?

a) Incide en la integridad física y en la salud.

b) Afecta exclusivamente a la esfera familiar y asistencial.

c) Despliega efectos únicamente cuando existe proceso penal abierto.

d) Compromete la dignidad, la igualdad, la libertad, la seguridad y la tutela efectiva.

4. La normativa estatal no aborda la violencia de género como una cuestión exclusivamente penal. ¿Cómo se configura, con carácter general, la respuesta pública frente a ella?

a) Como un sistema centrado en la sanción penal.
b) Como una respuesta integral que comprende prevención, asistencia y tutela judicial.
c) Como un modelo basado en la mediación.
d) Como una intervención limitada al ámbito de los tribunales.

5. Las medidas preventivas forman parte del sistema de protección porque la violencia de género no se combate solo cuando ya se ha producido. ¿Qué persiguen esas medidas?

a) Sustituir la intervención judicial en determinados casos.
b) Evitar la repetición de denuncias.
c) Actuar sobre las causas y evitar la aparición o reproducción de la violencia.
d) Reducir la intervención de los poderes públicos.

6. Cuando se dice que la violencia de género tiene carácter estructural, se está destacando un rasgo central de su comprensión jurídica y social. ¿Qué significa esa idea?

a) Que se presenta en función de circunstancias individuales puntuales, sin relación con factores sociales.
b) Que depende principalmente de la convivencia prolongada entre agresor y víctima.
c) Que se identifica de manera directa con conflictos privados sin trascendencia pública.
d) Que responde a patrones culturales y a situaciones de desigualdad arraigadas.

7. La incorporación de los menores al sistema de protección frente a la violencia de género responde a una evolución normativa muy relevante. ¿Cuál es la idea central de esa evolución?

a) Su consideración como meros testigos cualificados de los hechos.
b) Su protección limitada a los supuestos de convivencia continuada con el agresor.
c) Su reconocimiento como personas afectadas directa o indirectamente por la violencia ejercida en su entorno.
d) Su intervención exclusiva en las medidas civiles vinculadas a la guarda y custodia.

8. En el ámbito educativo, la normativa incorpora medidas específicas relacionadas con la violencia de género. ¿Cuál es la finalidad principal de esas medidas?

a) Reforzar el control disciplinario del alumnado.
b) Sustituir la intervención de otros servicios públicos.
c) Fomentar la igualdad y prevenir conductas violentas desde etapas tempranas.
d) Limitar determinados contenidos de la enseñanza.

9. La intervención del sistema sanitario en materia de violencia de género no se limita a la atención clínica posterior. ¿Qué función destaca especialmente en este ámbito?

a) La detección precoz de posibles situaciones de violencia.
b) La sustitución de la actuación judicial.
c) La adopción de medidas de protección.
d) La resolución de conflictos familiares.

10. En la respuesta institucional frente a la violencia de género intervienen servicios sanitarios, sociales, policiales y judiciales. Para que esa intervención sea realmente eficaz, es esencial que exista coordinación entre ellos. ¿Qué finalidad describe mejor esa coordinación?

a) Evitar duplicidades y fijar canales de derivación y actuación entre servicios, aunque sin incidir en la continuidad del seguimiento.
b) Establecer un reparto competencial cerrado entre administraciones para impedir solapamientos, priorizando la intervención del ámbito que reciba primero la demanda.
c) Homogeneizar la actuación mediante criterios comunes de intervención, aun cuando cada servicio opere con expedientes y tiempos propios sin conexión funcional.
d) Asegurar una actuación integrada y coherente, con continuidad en la atención y activación rápida de medidas de protección cuando proceda.

11. En el sistema de protección frente a la violencia de género, ciertos derechos de las víctimas se configuran como "exigibles" ante los poderes públicos. ¿Qué significa esto?

a) Que dependen de la disponibilidad de recursos y de la prioridad que fije cada administración.
b) Que actúan como orientaciones generales y no generan obligaciones concretas.
c) Que generan obligaciones para las administraciones y pueden reclamarse por las vías previstas.
d) Que se aplican una vez exista una resolución judicial firme que reconozca la condición de víctima.

12. La orden de protección ocupa una posición central dentro de la tutela judicial frente a la violencia de género. ¿Cuál es su función principal?

a) Determinar la responsabilidad penal del agresor.
b) Garantizar la protección inmediata de la víctima mediante medidas cautelares.
c) Resolver las consecuencias patrimoniales del conflicto.
d) Sustituir al procedimiento judicial.

13. Las medidas judiciales de protección pueden limitar derechos del investiga-do o acusado (por ejemplo, alejamiento, salida del domicilio o restricción de comu-nicaciones). Para acordarlas, ¿qué exigencia resulta determinante en su adopción?

a) Que se adopten tras una comparecencia con audiencia de las partes, aun cuando la resolución no contenga una motivación específica sobre el riesgo y la proporcionalidad.

b) Que se dicten mediante resolución motivada, justificando necesidad, idoneidad y proporcionalidad en función del riesgo apreciado y del fin de protección.

c) Que se apoyen en un parte médico o informe técnico como base suficiente, sin ne-cesidad de razonar expresamente por qué la medida concreta es adecuada.

d) Que se acuerden con informe favorable del Ministerio Fiscal y comunicación a los servi-cios competentes, sin que sea imprescindible una justificación individualizada de la medida.

14. La existencia de órganos judiciales especializados en violencia sobre la mu-jer responde a una finalidad práctica dentro del sistema de protección. ¿Cuál es la finalidad principal de esa especialización?

a) Ofrecer una respuesta judicial más eficaz y especializada y mejorar la coordinación cuando la violencia tiene efectos penales y también civiles.

b) Atribuir a un mismo órgano la mayor parte de las actuaciones para evitar duplicida-des administrativas, con independencia de la naturaleza penal o civil del asunto.

c) Concentrar la tramitación de estos asuntos para reducir tiempos procesales, aun-que la intervención de otros órganos siga siendo la regla en materias conexas.

d) Garantizar que la intervención judicial se centre en medidas de urgencia, dejando el resto de cuestiones para servicios sociales y administrativos.

15. Dentro del sistema de protección frente a la violencia de género, el Ministe-rio Fiscal tiene un papel específico para impulsar la protección y actuar con criterios homogéneos. ¿Qué rasgo define mejor esa intervención?

a) Su actuación queda limitada a intervenir en los juicios, sin funciones de impulso ni coordinación.

b) Interviene de forma general en los procedimientos, pero sin estructura especializa-da ni criterios comunes.

c) Su intervención depende de la solicitud expresa de la víctima o de su representa-ción, sin actuación de oficio.

d) Interviene con organización y especialización propias, coordinando criterios de ac-tuación en los asuntos relacionados con violencia de género.

En MADTEST tienes **más preguntas de este tema**, y todos tus avances quedan registrados y se reflejan en el ranking.

¡Supera tus límites con MADTEST!

Solución al test n.º 15

1. a) Su vinculación con la discriminación, la desigualdad y las relaciones de poder de los hombres sobre las mujeres.

2. c) Una relación afectiva presente o pasada, aun sin convivencia.

3. d) Compromete la dignidad, la igualdad, la libertad, la seguridad y la tutela efectiva.

4. b) Como una respuesta integral que comprende prevención, asistencia y tutela judicial.

5. c) Actuar sobre las causas y evitar la aparición o reproducción de la violencia.

6. d) Que responde a patrones culturales y a situaciones de desigualdad arraigadas.

7. c) Su reconocimiento como personas afectadas directa o indirectamente por la violencia ejercida en su entorno.

8. c) Fomentar la igualdad y prevenir conductas violentas desde etapas tempranas.

9. a) La detección precoz de posibles situaciones de violencia.

10. d) Asegurar una actuación integrada y coherente, con continuidad en la atención y activación rápida de medidas de protección cuando proceda.

11. c) Que generan obligaciones para las administraciones y pueden reclamarse por las vías previstas.

12. b) Garantizar la protección inmediata de la víctima mediante medidas cautelares.

13. b) Que se dicten mediante resolución motivada, justificando necesidad, idoneidad y proporcionalidad en función del riesgo apreciado y del fin de protección.

14. a) Ofrecer una respuesta judicial más eficaz y especializada y mejorar la coordinación cuando la violencia tiene efectos penales y también civiles.

15. d) Interviene con organización y especialización propias, coordinando criterios de actuación en los asuntos relacionados con violencia de género.

TEST N.º 16

Los actos administrativos: concepto y clases. Motivación y notificación. Eficacia y validez de los actos. Principios generales del procedimiento administrativo: concepto y clases. Fases del procedimiento común: principios y normas reguladoras. Días y horas hábiles. Cómputo de plazos

1. Señala la respuesta incorrecta. Según el artículo 35 de la Ley 39/2015, de 1 de octubre, de Procedimiento Administrativo Común de las Administraciones Públicas, serán motivados, con sucinta referencia de hechos y fundamentos de Derecho:

a) Los actos que limiten derechos subjetivos o intereses legítimos.

b) Los actos que resuelvan procedimientos de revisión de oficio de disposiciones o actos administrativos, recursos administrativos, reclamaciones previas a la vía judicial y procedimientos de arbitraje.

c) Los actos que se separen del criterio seguido en actuaciones precedentes o del dictamen de órganos consultivos.

d) Los actos declarativos de derechos.

2. De acuerdo con el artículo 39 de la Ley 39/2015, de 1 de octubre, de Procedimiento Administrativo Común de las Administraciones Públicas, con carácter general, los actos de las Administraciones Públicas sujetos al Derecho Administrativo se presumirán válidos y producirán efectos desde:

a) La fecha en que se dicten, salvo que en ellos se disponga otra cosa.

b) Su notificación.

c) Su publicación.

d) La aprobación superior.

3. En relación con las notificaciones en papel, de acuerdo con lo dispuesto en el artículo 42 de la Ley 39/2015, de 1 de octubre, de Procedimiento Administrativo Común de las Administraciones Públicas de los actos administrativos, señala la respuesta incorrecta:

a) Se notificarán a los interesados las resoluciones y actos administrativos que afecten a sus derechos e intereses.

b) Toda notificación deberá ser cursada dentro del plazo de diez días a partir de la fecha en que el acto haya sido dictado.

c) En los procedimientos iniciados a solicitud del interesado, la notificación se practicará en el domicilio del interesado. Cuando ello no fuera posible, en cualquier lugar adecuado a tal fin.

d) Cuando la notificación se practique en el domicilio del interesado, de no hallarse presente este en el momento de entregarse la notificación podrá hacerse cargo de la misma cualquier persona mayor de 14 años que se encuentre en el domicilio y haga constar su identidad.

4. Conforme al artículo 45 de la Ley 39/2015, de 1 de octubre, de Procedimiento Administrativo Común de las Administraciones Públicas, la publicación sustituirá a la notificación surtiendo sus mismos efectos en los siguientes casos:

a) Cuando el acto tenga por destinatario a una persona jurídica.

b) Cuando la Administración estime que la notificación efectuada a un solo interesado es insuficiente para garantizar la notificación a todos, siendo, en este último caso, adicional a la notificación efectuada.

c) En los procedimientos iniciados a solicitud del interesado.

d) Cuando la notificación se practique en el domicilio del interesado.

5. De acuerdo con el artículo 47 de la Ley 39/2015, de 1 de octubre, de Procedimiento Administrativo Común de las Administraciones Públicas, los actos de las Administraciones Públicas son nulos de pleno derecho en los casos siguientes:

a) Los actos de la Administración que incurran en cualquier infracción del ordenamiento jurídico.

b) Los actos dictados por órgano manifiestamente incompetente por razón de la jerarquía.

c) Los actos que tengan un contenido imposible.

d) Los actos de la Administración que incurran en desviación de poder.

6. Son anulables, de acuerdo con el artículo 48.1 de la Ley 39/2015, de 1 de octubre, de Procedimiento Administrativo Común de las Administraciones Públicas:

a) Los actos de la Administración que incurran en cualquier infracción del ordenamiento jurídico, incluso la desviación de poder.

b) Los actos dictados prescindiendo total y absolutamente del procedimiento legalmente establecido o de las normas que contienen las reglas esenciales para la formación de la voluntad de los órganos colegiados.

c) Los actos expresos o presuntos contrarios al ordenamiento jurídico por los que se adquieren facultades o derechos cuando se carezca de los requisitos esenciales para su adquisición.

d) Los actos dictados por órgano manifiestamente incompetente por razón de la materia.

7. Conforme con el artículo 48.2 de la Ley 39/2015, de 1 de octubre, de Procedimiento Administrativo Común de las Administraciones Públicas, el defecto de forma de los actos de las Administraciones Públicas solo determinará la anulabilidad:

a) Siempre.

b) Nunca.

c) Cuando el acto carezca de los requisitos formales, dando lugar a la indefensión de los interesados.

d) Cuando el acto administrativo se notifique fuera de plazo, no siendo esencial el término o plazo.

8. La Administración podrá convalidar los actos anulables, subsanando los vicios de que adolezcan. Si el vicio consistiera en incompetencia no determinante de nulidad, la convalidación podrá realizarse, de conformidad con el artículo 52.3 de la Ley 39/2015, de 1 de octubre, de Procedimiento Administrativo Común de las Administraciones Públicas, por:

a) El órgano competente cuando sea inferior jerárquico del que dictó el acto viciado.

b) El órgano competente cuando sea superior jerárquico del que dictó el acto viciado.

c) El órgano competente por razón de la materia.

d) El órgano competente por razón del territorio.

9. En relación con la forma de los actos administrativos, señala la respuesta incorrecta:

a) Los actos administrativos se producirán por escrito a través de medios electrónicos, a menos que su naturaleza exija otra forma más adecuada de expresión y constancia.

b) En los casos en que los órganos administrativos ejerzan su competencia de forma verbal, la constancia escrita del acto, cuando sea necesaria, se efectuará y firmará por el titular del órgano superior, expresando en la comunicación del mismo la autoridad de la que procede.

c) Si se tratara de resoluciones, el titular de la competencia deberá autorizar una relación de las que haya dictado de forma verbal, con expresión de su contenido.

d) Cuando deba dictarse una serie de actos administrativos de la misma naturaleza, tales como nombramientos, concesiones o licencias, podrán refundirse en un único acto.

10. Son actos anulables de acuerdo con el artículo 48 de la Ley 39/2015, de 1 de octubre, de Procedimiento Administrativo Común de las Administraciones Públicas:

a) Los de contenido imposible.

b) Los que carezcan de los requisitos formales indispensables para alcanzar su fin.

c) Los dictados prescindiendo total y absolutamente de los procedimientos legalmente establecidos para ellos.

d) Los dictados prescindiendo total y absolutamente del procedimiento establecido por las normas que contienen las reglas esenciales para la formación de la voluntad de los órganos colegiados.

11. De todas las resoluciones citadas a continuación, ¿cuáles de ellas no necesitarán ser motivadas?

a) Las que sigan el criterio seguido en actuaciones precedentes.

b) Los acuerdos de suspensión de actos.

c) Las que se dicten en el ejercicio de potestades discrecionales.

d) Las que resuelvan los recursos.

12. ¿En qué casos un defecto de forma determinará la anulabilidad del acto?

a) Cuando carezcan de los requisitos formales indispensables para alcanzar su fin o dé lugar a indefensión.
b) Cuando sean insubsanables.
c) Solo en los casos en los que se dé lugar a indefensión.
d) Solo cuando carezcan de los requisitos formales indispensables.

13. Señala la respuesta incorrecta. Cuando una Administración Pública tenga que dictar, en el ámbito de sus competencias, un acto que necesariamente tenga por base otro dictado por una Administración Pública distinta y aquella entienda que es ilegal:

a) Podrá requerir a la otra Administración previamente para que anule o revise el acto de acuerdo con lo dispuesto en el artículo 44 de la Ley 29/1998, de 13 de julio, reguladora de la Jurisdicción Contencioso-Administrativa.
b) Realizado el requerimiento y al ser rechazado este, podrá interponer recurso contencioso-administrativo.
c) Realizado el requerimiento y al ser rechazado este, podrá interponer recurso de revisión.
d) En estos casos, quedará suspendido el procedimiento para dictar resolución.

14. Las notificaciones administrativas por medios electrónicos requerirán para su validez:

a) El señalamiento explícito de dicho medio de notificación en el momento de iniciación del procedimiento.
b) El establecimiento de este sistema por medio de una norma de rango legal.
c) El acceso a su contenido, momento a partir del cual la notificación se entenderá practicada a todos los efectos legales.
d) El establecimiento de este sistema por medio de una norma de rango reglamentario.

15. Por regla general una notificación electrónica se entenderá rechazada con los efectos previstos en el artículo 43.2 de la Ley 39/2015, de 1 de octubre, del Procedimiento Administrativo Común de las Administraciones Públicas, cuando teniendo constancia de la puesta a disposición transcurran:

a) Diez días hábiles sin que se acceda a su contenido.
b) Diez días naturales desde que se accedió al contenido sin existir respuesta.
c) Diez días naturales sin que se acceda al contenido.
d) Quince días hábiles desde que se accedió al contenido sin existir respuesta.

En MADTEST tienes **más preguntas de este tema**, y todos tus avances quedan registrados y se reflejan en el ranking.

¡Supera tus límites con MADTEST!

Solución al test n.º 16

1. d) Los actos declarativos de derechos.

2. a) La fecha en que se dicten, salvo que en ellos se disponga otra cosa.

3. c) En los procedimientos iniciados a solicitud del interesado, la notificación se practicará en el domicilio del interesado. Cuando ello no fuera posible, en cualquier lugar adecuado a tal fin.

4. b) Cuando la Administración estime que la notificación efectuada a un solo interesado es insuficiente para garantizar la notificación a todos, siendo, en este último caso, adicional a la notificación efectuada.

5. c) Los actos que tengan un contenido imposible.

6. a) Los actos de la Administración que incurran en cualquier infracción del ordenamiento jurídico, incluso la desviación de poder.

7. c) Cuando el acto carezca de los requisitos formales, dando lugar a la indefensión de los interesados.

8. b) El órgano competente cuando sea superior jerárquico del que dictó el acto viciado.

9. b) En los casos en que los órganos administrativos ejerzan su competencia de forma verbal, la constancia escrita del acto, cuando sea necesaria, se efectuará y firmará por el titular del órgano superior, expresando en la comunicación del mismo la autoridad de la que procede.

10. b) Los que carezcan de los requisitos formales indispensables para alcanzar su fin.

11. a) Las que sigan el criterio seguido en actuaciones precedentes.

12. a) Cuando carezcan de los requisitos formales indispensables para alcanzar su fin o dé lugar a indefensión.

13. c) Realizado el requerimiento y al ser rechazado este, podrá interponer recurso de revisión.

14. c) El acceso a su contenido, momento a partir del cual la notificación se entenderá practicada a todos los efectos legales.

15. c) Diez días naturales sin que se acceda al contenido.

Recursos administrativos: concepto, clases, interposición, objeto, fin de la vía administrativa, interposición, suspensión de la ejecución, audiencia al interesado, resolución. Recurso de alzada, recurso potestativo de reposición y recurso Extraordinario de revisión; Objeto, interposición y plazos

1. La revisión de las disposiciones dictadas por las Administraciones Públicas en vía administrativa supone:

a) La anulabilidad de los actos y disposiciones siempre que no hayan sido recurridos en plazo.

b) La estimación de las reclamaciones efectuadas por los particulares cuando haya transcurrido el plazo sin que se hubiera dictado la resolución correspondiente.

c) La declaración de oficio de la nulidad de los actos administrativos que pongan fin a la vía administrativa.

d) La posibilidad de que la nulidad de los actos administrativos sea declarada mediante dictamen del Consejo de Estado u órgano consultivo equivalente de la Comunidad Autónoma.

2. Transcurridos seis meses desde que la Administración inició de oficio el procedimiento de revisión de una disposición administrativa o un acto nulo, sin dictarse resolución, se producirá:

a) La prescripción del derecho del interesado a reclamar.

b) La nulidad *ipso iure* de la disposición o acto.

c) La desestimación de la pretensión ejercitada en el mismo.

d) La caducidad del procedimiento.

3. En los procedimientos de revisión de disposiciones administrativas y actos nulos, no será preceptiva la intervención del Consejo de Estado u órgano equivalente de la Comunidad Autónoma:

a) Cuando la nulidad sea declarada de oficio pero a instancias de interesado.

b) Para acordar motivadamente la inadmisión a trámite de las solicitudes formuladas por los interesados, siempre que no se basen en una nulidad de pleno derecho.

c) En los supuestos en que la nulidad dimane de una vulneración de normas de rango superior.

d) Para acordar motivadamente la inadmisión a trámite de las solicitudes formuladas por los interesados en cualquier caso.

4. Cuando una disposición administrativa haya sido declarada nula, el particular afectado por el acto en cuestión:

a) Tendrá derecho a ser indemnizado, siempre que el daño causado sea efectivo, evaluable, individualizado y no hubiera tenido el deber jurídico de soportarlo.

b) Será indemnizado, si en la resolución que así lo declare se reconoce ese derecho.

c) No será indemnizado en ningún caso, pues subsisten las consecuencias de los actos firmes dictados en aplicación de la misma.

d) Deberá ser indemnizado en todo caso y por el simple hecho de la declaración de nulidad, pues al serle aplicada una norma manifiestamente ilegal, el perjuicio o daño se presume.

5. El plazo para declarar de oficio la nulidad de los actos administrativos que hayan puesto fin a la vía administrativa o que no hayan sido recurridos en su momento oportuno, es:

a) De seis meses.

b) De cuatro años.

c) De cuatro años para los que no hayan sido recurridos en plazo e indefinidamente para los que pongan fin a la vía administrativa.

d) *Sine die*, es decir, no existe plazo alguno para ello.

6. La declaración de lesividad de los actos administrativos favorables a los interesados:

a) Supone la nulidad automática de los mismos, sin necesidad de recabar dictamen del Consejo de Estado u órgano consultivo equivalente de la Comunidad Autónoma.

b) Reconoce el derecho de los particulares a ser indemnizados como consecuencia de los daños y perjuicios que les haya causado la aplicación de los actos declarados nulos.

c) Permite a las Administraciones Públicas impugnar ante la Jurisdicción Contencioso-Administrativa dichos actos.

d) Es la Resolución por la que se declara la anulabilidad de los mismos.

7. Los actos administrativos con defectos de forma pero con los requisitos formales indispensables para alcanzar su fin, sin causar indefensión de los interesados:

a) Serán declarados lesivos para el interés público si ha beneficiado al interesado o interesados.

b) Son anulables, previa declaración de lesividad y el dictamen favorable del Consejo de Estado u órgano consultivo equivalente de la Comunidad Autónoma.

c) Son nulos de pleno derecho.

d) No son anulables, por lo general.

8. La lesividad de un acto administrativo podrá declararse:

a) A los cuatro años desde su dictado.
b) Antes de los seis meses desde que se dictó.
c) Cuatro años después de conocido el vicio que lo invalida.
d) En cualquier momento.

9. El transcurso del plazo previsto para la resolución del procedimiento en el que se declare la lesividad del acto, sin haberse acordado la misma, supone:

a) La anulabilidad del acto administrativo.
b) La nulidad del acto administrativo.
c) La firmeza del acto administrativo.
d) La caducidad del procedimiento administrativo.

10. La competencia para declarar la lesividad de un acto emanado de una entidad de las que integran la Administración Local corresponde:

a) Al Alcalde de la Corporación.
b) Al Pleno de la Corporación.
c) Al órgano individual superior de la Corporación.
d) Al Consejo de Estado u órgano consultivo equivalente de la Comunidad Autónoma.

11. La suspensión de la ejecución de los actos administrativos sobre los que se haya iniciado un procedimiento de revisión de oficio se podrá acordar:

a) Siempre, cuando así discrecionalmente lo decida la Administración.
b) En ningún caso, pues no es posible su suspensión.
c) Cuando así lo solicite el interesado, previo aval que garantice las responsabilidades que se pudieran derivar.
d) Si se pudieran causar perjuicios de imposible o difícil reparación.

12. Los errores materiales, de hecho o aritméticos existentes en los actos administrativos podrán ser rectificados:

a) Siempre que no haya transcurrido el plazo de prescripción.
b) En cualquier momento.
c) Cuando no constituya exención o dispensa contraria a la ley.
d) Si no atenta contra la igualdad, el interés público o el ordenamiento jurídico.

13. No es un límite al ejercicio de las facultades de revisión de actos administrativos expresamente previsto en la Ley 39/2015, de 1 de octubre:

a) El interés público.
b) La equidad.

c) La buena fe.
d) Los derechos de los ciudadanos.

14. La competencia para la revisión de oficio de las disposiciones y de actos nulos y anulables dictados por los Secretarios de Estado de la Administración General la ostenta:

a) El Consejo de Ministros.
b) El máximo órgano rector colegiado del Ministerio al que se encuentren adscritos.
c) Ellos mismos.
d) El Ministro del que dependan.

15. ¿Qué recurso o recursos se pueden oponer contra los actos administrativos de trámite que no se encuentren afectos de nulidad ni anulabilidad?

a) Alzada.
b) Reposición.
c) Ninguno, sin perjuicio de alegar el defecto que corresponda al recurrir contra la resolución que ponga fin al procedimiento, en su caso.
d) Alzada y potestativo de reposición.

En MADTEST tienes **más preguntas de este tema**, y todos tus avances quedan registrados y se reflejan en el ranking.

¡Supera tus límites con MADTEST!

Solución al test n.º 17

1. c) La declaración de oficio de la nulidad de los actos administrativos que pongan fin a la vía administrativa.

2. d) La caducidad del procedimiento.

3. b) Para acordar motivadamente la inadmisión a trámite de las solicitudes formuladas por los interesados, siempre que no se basen en una nulidad de pleno derecho.

4. a) Tendrá derecho a ser indemnizado, siempre que el daño causado sea efectivo, evaluable, individualizado y no hubiera tenido el deber jurídico de soportarlo.

5. d) Sine die, es decir, no existe plazo alguno para ello.

6. c) Permite a las Administraciones Públicas impugnar ante la Jurisdicción Contencioso Administrativa dichos actos.

7. d) No son anulables, por lo general.

8. a) A los cuatro años desde su dictado.

9. d) La caducidad del procedimiento administrativo.

10. b) Al Pleno de la Corporación.

11. d) Si se pudieran causar perjuicios de imposible o difícil reparación.

12. b) En cualquier momento.

13. a) El interés público.

14. d) El Ministro del que dependan.

15. c) Ninguno, sin perjuicio de alegar el defecto que corresponda al recurrir contra la resolución que ponga fin al procedimiento, en su caso.

Ordenanzas y Reglamentos de las Entidades Locales. Clases. Procedimiento de elaboración y aprobación

1. Según el art. 4 LRL, redactado por la Ley 57/2003, ¿a qué entidades se confiere la potestad reglamentaria, dentro de la esfera de sus competencias?

a) A los Municipios, Provincias e Islas.
b) Solo a los Municipios.
c) A los Municipios y Comunidades Autónomas.
d) A las Diputaciones y al Estado.

2. Conforme al artículo 84 LRL, ¿cuál de los siguientes medios permite a las Entidades locales intervenir la actividad de los ciudadanos?

a) La aprobación de decretos legislativos.
b) Las ordenanzas y bandos.
c) Los reglamentos autonómicos.
d) Las instrucciones ministeriales.

3. ¿Qué término suele emplearse para denominar a las normas locales que regulan las relaciones entre el Ente Local y los ciudadanos, con vigencia "ad extra"?

a) Reglamento.
b) Bando.
c) Ordenanza.
d) Instrucción.

4. ¿De quién emanan exclusivamente los bandos?

a) El Pleno de la Corporación.
b) Los Alcaldes.
c) La Junta de Gobierno Local.
d) Los Secretarios Generales Técnicos.

5. ¿ De quién emana la orden de redacción de la Ordenanza o Reglamento en la fase de preparación del procedimiento común?

a) El Interventor municipal.
b) El Presidente de la Corporación, o los órganos colegiados o unipersonales delegados por él.

c) Cualquier concejal de la oposición.
d) Exclusivamente el Pleno de la Corporación.

6. En los municipios de gran población, ¿qué órgano aprueba los proyectos de ordenanzas y reglamentos, incluidos los orgánicos, salvo las normas reguladoras del Pleno y de sus comisiones?

a) El Alcalde.
b) El Pleno.
c) La Junta de Gobierno Local.
d) La Comisión Especial de Cuentas.

7. Tras la aprobación inicial, ¿durante qué plazo mínimo se expone al público la Ordenanza o Reglamento para reclamaciones y sugerencias?

a) Quince días naturales.
b) Veinte días hábiles.
c) Treinta días hábiles.
d) Un mes natural improrrogable.

8. ¿Cuándo entra en vigor una Ordenanza o Reglamento, con carácter general, una vez aprobada?

a) El mismo día de su aprobación inicial.
b) Cuando se publique un extracto en el tablón de edictos.
c) Cuando se publique completamente su texto y transcurra el plazo del art. 65.2 LRL.
d) A los dos meses de su aprobación definitiva, en todo caso.

9. La aprobación definitiva de las Normas Urbanísticas que acompañan a una figura de planeamiento urbanístico sigue:

a) El régimen competencial del Ministerio competente.
b) El mismo régimen competencial que la propia figura de planeamiento.
c) El régimen general de las ordenanzas fiscales.
d) El procedimiento reservado a los bandos de Alcaldía.

10. Según el art. 70 ter LRL, las Administraciones Públicas con competencias en ordenación territorial y urbanística deberán tener a disposición de los ciudadanos que lo soliciten:

a) Solo extractos de los convenios urbanísticos.
b) Únicamente los instrumentos de ordenación territorial vigentes.
c) Copias completas de los instrumentos vigentes, de los documentos de gestión y de los convenios urbanísticos.
d) Exclusivamente los anuncios de información pública.

11. Para la aprobación o modificación del Reglamento Orgánico propio de cada Corporación, ¿qué mayoría exige el art. 47.2.f) LRL?

a) Mayoría simple de los asistentes.
b) Mayoría de dos tercios de los presentes.
c) Mayoría absoluta del número legal de miembros de la Corporación.
d) Unanimidad del Pleno.

12. Conforme al art. 107.1 LRL y al art. 17 TR-LHL, ¿cuándo entran en vigor las Ordenanzas Fiscales, salvo que señalen otra fecha?

a) En el momento de su publicación definitiva en el Boletín Oficial correspondiente.
b) Quince días hábiles después de su aprobación inicial.
c) Al día siguiente de su debate plenario.
d) Tras la aprobación por la Comunidad Autónoma.

13. Los vecinos con derecho de sufragio activo en elecciones municipales pueden ejercer la iniciativa popular presentando:

a) Solo mociones de censura.
b) Propuestas de acuerdos o actuaciones o proyectos de reglamentos en materias de competencia municipal.
c) Únicamente peticiones sobre competencias estatales.
d) Exclusivamente proyectos de ordenanzas fiscales.

14. En un municipio de 9.500 habitantes, las iniciativas populares deberán ir suscritas, al menos, por:

a) El 10 por ciento de los vecinos.
b) El 20 por ciento de los vecinos.
c) El 15 por ciento de los vecinos.
d) El 5 por ciento de los vecinos.

15. Según el art. 140 LRL, las infracciones a las ordenanzas locales se clasifican en:

a) Dolosas y culposas.
b) Muy graves, graves y leves.
c) Administrativas y penales.
d) Ordinarias y extraordinarias.

En MADTEST tienes **más preguntas de este tema**, y todos tus avances quedan registrados y se reflejan en el ranking.

¡Supera tus límites con MADTEST!

Solución al test n.º 18

1. a) A los Municipios, Provincias e Islas.

2. b) Las ordenanzas y bandos.

3. c) Ordenanza.

4. b) Los Alcaldes.

5. b) El Presidente de la Corporación, o los órganos colegiados o unipersonales delegados por él.

6. c) La Junta de Gobierno Local.

7. c) Treinta días hábiles.

8. c) Cuando se publique completamente su texto y transcurra el plazo del art. 65.2 LRL.

9. b) El mismo régimen competencial que la propia figura de planeamiento.

10. c) Copias completas de los instrumentos vigentes, de los documentos de gestión y de los convenios urbanísticos.

11. c) Mayoría absoluta del número legal de miembros de la Corporación.

12. a) En el momento de su publicación definitiva en el Boletín Oficial correspondiente.

13. b) Propuestas de acuerdos o actuaciones o proyectos de reglamentos en materias de competencia municipal.

14. c) El 15 por ciento de los vecinos.

15. b) Muy graves, graves y leves.

Funcionamiento de los órganos colegiados locales. Convocatoria y orden del día. Requisitos de constitución. votaciones. Actas y certificados de acuerdos

1. Atendiendo a su finalidad fundamental, puede definirse la sesión como:

a) Un acto más del procedimiento.
b) Una reunión de los miembros de la Corporación.
c) Un procedimiento que tiene por objeto la formación y declaración de voluntad del órgano colegiado.
d) Una conferencia expositiva.

2. Las sesiones pueden ser:

a) Ordinarias y extraordinarias.
b) Ordinarias y permanentes.
c) Permanentes y especiales.
d) Ordinarias, extraordinarias y extraordinarias urgentes.

3. La periodicidad de las sesiones extraordinarias es:

a) Como mínimo cada mes en los Ayuntamientos de municipios de más de 20.000 habitante.
b) Cada dos meses en los Ayuntamientos de los municipios de una población entre 5.001 habitantes y 20.000 habitantes.
c) Las sesiones extraordinarias no están sujetas a periodicidad.
d) Cada tres meses en los municipios de hasta 5.000 habitantes.

4. Si el Presidente no convocase el Pleno extraordinario solicitado por la cuarta parte, al menos, del número legal de miembros de la Corporación dentro del plazo de quince días hábiles desde que fuera solicitado:

a) Quedará automáticamente convocado para el décimo día hábil siguiente al de la finalización de dicho plazo, a las once horas.
b) Quedará automáticamente convocado para el undécimo día hábil siguiente al de la finalización de dicho plazo, a las doce horas.

c) Quedará automáticamente convocado para el décimo día hábil siguiente al de la finalización de dicho plazo, a las doce horas.

d) Ninguna respuesta es correcta.

5. La convocatoria de las sesiones dará lugar a la apertura del correspondiente expediente, en el que no deberá constar:

a) La constancia de las tasas que procedan.

b) La relación de expedientes conclusos.

c) La fijación del Orden del Día.

d) Minuta del Acta.

6. En el Orden del Día de las sesiones ordinarias se incluirá el punto de ruegos y preguntas:

a) De todos los asistentes.

b) Siempre.

c) De las asociaciones de vecinos.

d) En determinados casos.

7. ¿Es posible habilitarse otro edificio o local para la celebración de las sesiones?

a) En los casos de fuerza mayor.

b) En ningún caso.

c) Se celebrarán en la Casa Consistorial y si no es posible se suspenderá la sesión.

d) En todo caso, se celebrarán en Palacio Provincial o sede de la Corporación de que se trate.

8. Quien se considere aludido por una intervención podrá solicitar del Alcalde o Presidente:

a) La concesión de un turno por alusiones por tiempo de tres minutos.

b) Retirarse de la sesión.

c) Que se conceda un turno por alusiones, que será breve y conciso.

d) La concesión de un turno por alusiones por tiempo de cinco minutos.

9. ¿En qué consiste la moción?

a) Es la propuesta sometida a Pleno tras el estudio del expediente por la Comisión Informativa.

b) Es la propuesta que se somete a Pleno relativa a un asunto incluido en el Orden del Día sin haber pasado por la Comisión Informativa.

c) Es la propuesta que se somete directamente a conocimiento del Pleno, sobre un asunto no comprendido en el Orden del Día y que no tiene cabida en el punto de ruegos y preguntas.

d) Es la propuesta de modificación de un dictamen formulada por un miembro de la Comisión Informativa.

10. La votación podrá ser:

a) Por nombre y apellidos o por partido político.

b) Nominal, secreta y en voz alta.

c) Secreta y no secreta.
d) Nominal, secreta y ordinaria.

11. La votación secreta:

a) Podrá utilizarse para la aprobación de las Ordenanzas.
b) Solo podrá utilizarse para elección o destitución de personas.
c) Solo podrá utilizarse para la aprobación del Presupuesto.
d) Solo podrá utilizarse para el despido del personal laboral.

12. En los municipios de gran población no se exigirá el voto favorable de la mayoría absoluta del número legal de miembros del Pleno para:

a) La concertación de las operaciones de crédito.
b) Los acuerdos relativos a la participación en organizaciones supramunicipales.
c) La aprobación y modificación de los reglamentos de naturaleza orgánica.
d) Los acuerdos relativos a la delimitación y alteración del término municipal.

13. En los municipios de régimen de gran población se exigirá el voto favorable de la mayoría absoluta del número legal de miembros del Pleno para:

a) La determinación de los recursos propios de carácter tributario.
b) La alteración del nombre y de la capitalidad del municipio.
c) Las dos anteriores son correctas.
d) la aprobación y modificación de los presupuestos.

14. La enajenación de bienes, cuando su cuantía exceda del 20 % de los recursos ordinarios de su presupuesto requerirá:

a) Mayoría simple.
b) Mayoría de dos tercios.
c) Mayoría absoluta.
d) Mayoría de un tercio.

15. Cuando las resoluciones administrativas se dicten por delegación:

a) Se deberá dictar una resolución posterior por la Autoridad delegante.
b) Se acompañará de copia del acuerdo de delegación.
c) Podrá ser revocada en cualquier momento.
d) Se hará constar expresamente esta circunstancia y se considerarán dictadas por la Autoridad que la haya conferido.

En MADTEST tienes **más preguntas de este tema**, y todos tus avances quedan registrados y se reflejan en el ranking.

¡Supera tus límites con MADTEST!

Solución al test n.º 19

1. c) Un procedimiento que tiene por objeto la formación y declaración de voluntad del órgano colegiado.

2. d) Ordinarias, extraordinarias y extraordinarias urgentes.

3. c) Las sesiones extraordinarias no están sujetas a periodicidad.

4. c) Quedará automáticamente convocado para el décimo día hábil siguiente al de la finalización de dicho plazo, a las doce horas.

5. a) La constancia de las tasas que procedan.

6. b) Siempre.

7. a) En los casos de fuerza mayor.

8. c) Que se conceda un turno por alusiones, que será breve y conciso.

9. c) Es la propuesta que se somete directamente a conocimiento del Pleno, sobre un asunto no comprendido en el Orden del Día y que no tiene cabida en el punto de ruegos y preguntas.

10. d) Nominal, secreta y ordinaria.

11. b) Solo podrá utilizarse para elección o destitución de personas.

12. a) La concertación de las operaciones de crédito.

13. b) La alteración del nombre y de la capitalidad del municipio.

14. c) Mayoría absoluta.

15. d) Se hará constar expresamente esta circunstancia y se considerarán dictadas por la Autoridad que la haya conferido.

El registro de entrada y salida de documentos. La presentación de instancias y documentos en las oficinas públicas. La informatización de los registros. Comunicaciones y notificaciones. El Archivo. Clases de archivos. Principales criterios de ordenación. El derecho de los ciudadanos al acceso a archivos y registros

1. El registro administrativo constituye un elemento esencial del procedimiento administrativo. No se limita a una función organizativa interna, sino que cumple una función jurídica relevante dentro del sistema. ¿Cuál de las siguientes afirmaciones define mejor su naturaleza?

a) Es un instrumento discrecional que permite a la Administración aceptar o rechazar solicitudes.

b) Es un sistema de anotación con efectos constitutivos sobre la validez del acto administrativo.

c) Es un sistema garantista que acredita la presentación y fija efectos jurídicos temporales.

d) Es un mecanismo de control interno sin efectos frente a terceros.

2. La anotación registral produce efectos jurídicos relevantes dentro del procedimiento administrativo. Estos efectos inciden directamente en la posición jurídica del interesado y en la tramitación del expediente. ¿Cuál es uno de los efectos principales de dicha anotación?

a) El momento de resolución del procedimiento.

b) El momento en que se inicia el cómputo de plazos administrativos.

c) La admisión a trámite automática de la solicitud.

d) La validez material del contenido del documento.

3. El Registro Electrónico General es obligatorio para las Administraciones Públicas en el marco de la administración electrónica. Este sistema sustituye al modelo tradicional de registros físicos. ¿Cuál es una de sus características esenciales?

a) Funciona únicamente en horario administrativo.

b) Permite la presentación permanente de documentos durante todo el año.

c) Requiere validación previa del contenido del documento.

d) Está limitado a órganos concretos de la Administración.

4. El registro administrativo forma parte del sistema de gestión documental de la Administración. Su intervención se sitúa en una fase inicial del procedimiento y cumple una función específica dentro del circuito administrativo. ¿Cuál de las siguientes actuaciones corresponde al registro administrativo?

a) Resolver directamente las solicitudes presentadas.
b) Valorar jurídicamente el contenido de los documentos.
c) Canalizar los documentos hacia la unidad competente.
d) Sustituir al expediente administrativo.

5. El sistema registral actual se basa en la interoperabilidad entre Administraciones Públicas. Este principio evita cargas innecesarias al ciudadano y mejora la eficiencia. ¿Qué implica exactamente dicha interoperabilidad?

a) Que los ciudadanos deben presentar los documentos en cada Administración.
b) Que los registros no están conectados entre sí.
c) Que los documentos pueden remitirse electrónicamente entre Administraciones.
d) Que solo existe un registro único estatal.

6. La normativa del procedimiento administrativo permite que los ciudadanos puedan presentar escritos y documentos en distintos registros administrativos. Esta previsión responde a una lógica funcional del sistema y a la organización del conjunto de Administraciones Públicas. ¿Cuál es el principio que fundamenta esta posibilidad?

a) Principio de jerarquía administrativa.
b) Principio de cooperación interadministrativa.
c) Principio de descentralización territorial.
d) Principio de autotutela administrativa.

7. El recibo acreditativo del registro tiene una función esencial en el procedimiento administrativo. No se trata de un mero justificante formal, sino de un documento con efectos jurídicos. ¿Cuál es su principal utilidad?

a) Sustituir a la resolución administrativa.
b) Acreditar la presentación y el cumplimiento de plazos.
c) Determinar la competencia del órgano.
d) Validar el contenido del documento.

8. La solicitud administrativa es el acto que inicia el procedimiento a instancia de parte. Este acto genera efectos jurídicos relevantes desde el momento de su presentación. ¿Cuál de los siguientes es uno de ellos?

a) Finaliza el procedimiento automáticamente.
b) Activa el deber de resolver de la Administración.
c) Sustituye al expediente administrativo.
d) Impide la actuación de oficio.

9. El artículo 66 de la Ley 39/2015 regula los requisitos de la solicitud. Estos requisitos tienen carácter instrumental y garantista. ¿Cuál es su finalidad principal?

a) Limitar el acceso al procedimiento.
b) Permitir la inadmisión automática.
c) Garantizar la identificación del interesado y su pretensión.
d) Sustituir la fase de instrucción.

10. La subsanación es un mecanismo esencial del procedimiento administrativo. Permite corregir defectos formales para garantizar la validez de la solicitud. ¿Cuál es el plazo general para subsanar?

a) Cinco días.
b) Diez días.
c) Quince días.
d) Un mes.

11. El requerimiento de subsanación debe cumplir determinadas exigencias jurídicas. No puede ser genérico ni impreciso si quiere producir efectos válidos. ¿Qué debe contener obligatoriamente?

a) Una valoración jurídica del fondo.
b) Una resolución definitiva.
c) La indicación clara de los defectos y cómo subsanarlos.
d) La admisión automática del escrito.

12. Si el interesado no subsana en plazo, se producen consecuencias jurídicas relevantes dentro del procedimiento. Estas consecuencias no operan automáticamente, sino que requieren actuación administrativa. ¿Qué debe hacer la Administración?

a) Archivar sin más el expediente.
b) Dictar resolución declarando el desistimiento.
c) Imponer sanción administrativa.
d) Continuar el procedimiento.

13. La representación permite actuar en nombre de otro ante la Administración. Este régimen está regulado en la Ley 39/2015 y tiene importantes efectos jurídicos. ¿Cuándo debe acreditarse obligatoriamente?

a) En todos los actos sin excepción.
b) Solo en actos de trámite.
c) En actos con trascendencia jurídica como recursos o renuncias.
d) Nunca es necesario acreditarla.

14. El registro electrónico de apoderamientos es una herramienta clave en la administración electrónica. Facilita la gestión y acreditación de la representación. ¿Cuál es su principal ventaja?

a) Elimina la representación.
b) Permite la consulta interoperable por otras Administraciones.
c) Sustituye al interesado.
d) Limita el acceso al procedimiento.

15. El derecho a no aportar documentos que ya obren en poder de la Administración constituye una garantía del interesado en el procedimiento administrativo. Este derecho se vincula con la interoperabilidad y la reducción de cargas administrativas innecesarias. ¿Qué implica en la práctica?

a) Que la Administración debe recabarlos o consultarlos.
b) Que el ciudadano debe aportarlos igualmente.
c) Que no pueden utilizarse en el procedimiento.
d) Que deben eliminarse del expediente.

En MADTEST tienes **más preguntas de este tema**, y todos tus avances quedan registrados y se reflejan en el ranking.

¡Supera tus límites con MADTEST!

Solución al test n.º 20

1. c) Es un sistema garantista que acredita la presentación y fija efectos jurídicos temporales.

2. b) El momento en que se inicia el cómputo de plazos administrativos.

3. b) Permite la presentación permanente de documentos durante todo el año.

4. c) Canalizar los documentos hacia la unidad competente.

5. c) Que los documentos pueden remitirse electrónicamente entre Administraciones.

6. b) Principio de cooperación interadministrativa.

7. b) Acreditar la presentación y el cumplimiento de plazos.

8. b) Activa el deber de resolver de la Administración.

9. c) Garantizar la identificación del interesado y su pretensión.

10. b) Diez días.

11. c) La indicación clara de los defectos y cómo subsanarlos.

12. b) Dictar resolución declarando el desistimiento.

13. c) En actos con trascendencia jurídica como recursos o renuncias.

14. b) Permite la consulta interoperable por otras Administraciones.

15. a) Que la Administración debe recabarlos o consultarlos.

Los Presupuestos locales: Concepto. Principio de estabilidad presupuestaria. Contenido del presupuesto general. Anexos del presupuesto general. Estructura presupuestaria. Formación y aprobación. Entrada en vigor. Ejercicio presupuestario. Liquidación. Modificaciones presupuestarias

1. Indica cuál de las siguientes definiciones NO se refiere específicamente a los Presupuestos de las Entidades Locales:

a) Las Entidades Locales aprueban anualmente un presupuesto único que constituye la expresión cifrada, conjunta y sistemática de las obligaciones que, como máximo, pueden reconocer, y de los derechos con vencimiento o que se prevean realizar durante el correspondiente ejercicio económico.

b) Son la expresión cifrada, conjunta y sistemática de los derechos y obligaciones a liquidar durante el ejercicio por cada uno de los órganos y entidades que forman parte del sector público estatal.

c) Constituyen la expresión cifrada, conjunta y sistemática de las obligaciones que, como máximo, pueden reconocer la entidad, y sus organismos autónomos, y de los derechos que prevean liquidar durante el correspondiente ejercicio, así como de las previsiones de ingresos y gastos de las sociedades mercantiles cuyo capital social pertenezca íntegramente a la entidad local correspondiente.

d) Ninguna de las respuestas anteriores es correcta.

2. En relación con el principio de anualidad, es correcto:

a) El ejercicio presupuestario tendrá una duración de 365 días en los que se imputarán los derechos liquidados y las obligaciones reconocidas durante los mismos.

b) El ejercicio presupuestario coincidirá con el año natural y a él se imputarán los derechos liquidados y las obligaciones reconocidas durante el ejercicio.

c) El ejercicio presupuestario coincidirá con el año natural y a él se imputarán los derechos liquidados en el ejercicio, cualquiera que sea el período de que deriven, y las obligaciones reconocidas durante el ejercicio.

d) Con arreglo al principio de anualidad, todos los ingresos y todos los gastos deben incluirse en un solo Presupuesto, quedando prohibidos los ingresos y gastos extrapresupuestarios y, por otro lado, la multiplicidad de Presupuestos.

3. Si el presupuesto no fuera aprobado antes del primer día del ejercicio económico correspondiente, quedará automáticamente prorrogada la vigencia del anterior. La prórroga presupuestaria:

a) Constituye una manifestación del principio de anualidad.

b) Es un tipo de obligación plurianual.

c) Es una excepción al principio de anualidad.

d) Únicamente se puede acordar en situaciones de anormalidad constitucional.

4. En relación a los compromisos de gasto de carácter plurianual, el art. 174.2 del Real Decreto Legislativo 2/2004, de 5 de marzo, prevé la posibilidad de que se puedan adquirir compromisos por gastos que hayan de extenderse a ejercicios posteriores a aquel en que se autoricen, siempre que su ejecución se inicie en el propio ejercicio y que, además, se encuentren en determinados casos. Señala cuál de los siguientes es INCORRECTO:

a) Arrendamientos de bienes muebles.

b) Cargas financieras de las deudas de la entidad local y de sus organismos autónomos.

c) Transferencias corrientes que se deriven de convenios suscritos por las corporaciones locales con otras entidades públicas o privadas sin ánimo de lucro.

d) Inversiones y transferencias de capital.

5. Es una regla relacionada con el principio de universalidad o integridad:

a) Los recursos de la entidad local y de cada uno de sus organismos autónomos y sociedades mercantiles se destinarán a satisfacer el conjunto de sus respectivas obligaciones, salvo en el caso de ingresos específicos afectados a fines determinados.

b) Los gastos presupuestarios tienen que estar íntegramente financiados por los ingresos ordinarios.

c) Los derechos liquidados y las obligaciones reconocidas se aplicarán a los presupuestos por su importe íntegro, quedando prohibido atender obligaciones mediante minoración de los derechos a liquidar o ya ingresados, salvo que la ley lo autorice de modo expreso. Se exceptúan las devoluciones de ingresos que se declaren indebidos por tribunal o autoridad competentes.

d) Las respuestas a) y c) son correctas.

6. La última reforma de la Constitución de 1978, de 27 de diciembre de 2011, se llevó a cabo:

a) A través del procedimiento previsto en el artículo 166 CE.

b) A través del procedimiento previsto en el artículo 167 CE.

c) A través del procedimiento previsto en el artículo 168 CE.

d) A través del procedimiento previsto en el artículo 169 CE.

7. ¿Qué principio se incorporó en la reforma del 2011 al nuevo contenido del artículo 135 CE?

a) El principio de especialidad.

b) El principio de equilibrio.

c) El principio de estabilidad presupuestaria.

d) El principio de suficiencia financiera.

8. Indica cuál de las siguientes reglas recoge el artículo 135.2 de la Constitución de 1978:

a) El Estado y las Comunidades Autónomas no podrán incurrir en un déficit estructural que supere los márgenes establecidos, en su caso, por la Unión Europea para sus Estados miembros. Una ley orgánica fijará el déficit estructural máximo permitido al Estado, a las Comunidades Autónomas y a las Entidades Locales, en relación con su producto interior bruto.

b) El Estado y las Comunidades Autónomas no podrán incurrir en un déficit estructural que supere los márgenes establecidos, en su caso, por la Unión Europea para sus Estados miembros. Una ley orgánica fijará el déficit estructural máximo permitido al Estado y a las Comunidades Autónomas, en relación con su producto interior bruto. Las Entidades Locales deberán presentar equilibrio presupuestario.

c) El Estado y las Comunidades Autónomas no podrán incurrir en un déficit estructural que supere los márgenes establecidos, en su caso, por la Unión Europea para sus Estados miembros. Una ley fijará el déficit estructural máximo permitido al Estado, a las Comunidades Autónomas y a las Entidades Locales, en relación con su producto interior bruto.

d) El Estado y las Comunidades Autónomas no podrán incurrir en un déficit estructural que supere los márgenes establecidos, en su caso, por la Unión Europea para sus Estados miembros. Una ley fijará el déficit estructural máximo permitido al Estado y a las Comunidades Autónomas, en relación con su producto interior bruto. Las Entidades Locales deberán presentar equilibrio presupuestario.

9. Indica cuál de las siguientes regulaciones recoge actualmente el artículo 135 CE:

a) Los créditos para satisfacer el pago de intereses y capital de la Deuda Pública del Estado se entenderán siempre incluidos en el estado de gastos de los presupuestos y no podrán ser objeto de enmienda o modificación, mientras se ajusten a las condiciones de la ley de emisión.

b) Los créditos para satisfacer el pago de intereses y capital de la Deuda Pública de las Administraciones se entenderán siempre incluidos en el estado de gastos de los presupuestos y no podrán ser objeto de enmienda o modificación, mientras se ajusten a las condiciones de la ley de emisión.

c) Los créditos para satisfacer los intereses y el capital de la deuda pública de las Administraciones se entenderán siempre incluidos en el estado de gastos de sus presupuestos y su pago gozará de prioridad absoluta. Estos créditos no podrán ser objeto de enmienda o modificación, mientras se ajusten a las condiciones de la ley de emisión.

d) Los créditos para satisfacer los intereses y el capital de la deuda pública del Estado se entenderán siempre incluidos en el estado de gastos de sus presupuestos y su pago gozará de prioridad absoluta. Estos créditos no podrán ser objeto de enmienda o modificación, mientras se ajusten a las condiciones de la ley de emisión.

10. Según el principio de estabilidad presupuestaria desarrollado en la Ley orgánica 2/2012, de 27 de abril, de estabilidad presupuestaria y sostenibilidad financiera, ¿las Corporaciones Locales pueden incurrir en un déficit estructural?

a) No, las Corporaciones Locales deberán mantener una posición de equilibrio o superávit presupuestario.

b) Sí, excepcionalmente.

c) Únicamente en caso de catástrofes naturales, recesión económica grave o situaciones de emergencia extraordinaria.

d) Sí, siempre que esta necesidad sea apreciada por la mayoría absoluta de los miembros del Congreso de los Diputados.

11. Según el principio de sostenibilidad financiera, el volumen de deuda pública, definida de acuerdo con el Protocolo sobre Procedimiento de déficit excesivo, del conjunto de Administraciones Públicas no podrá superar el 60 % del Producto Interior Bruto nacional expresado en términos nominales, o el que se establezca por la normativa europea. De este límite, ¿qué porcentaje se distribuye para el conjunto de Corporaciones Locales?

a) 13 %.

b) 7 %.

c) 4 %.

d) 3 %.

12. El marco presupuestario a medio plazo referido en la Ley orgánica 2/2012, de 27 de abril, de estabilidad presupuestaria y sostenibilidad financiera:

a) Deja sin efecto el principio de anualidad presupuestaria.

b) Es compatible con el principio de anualidad por el que se rigen la aprobación y ejecución de los Presupuestos.

c) Es incompatible con el principio de anualidad presupuestaria.

d) Defiende que se elaborará un plan presupuestario a largo plazo que se incluirá en el Programa de Estabilidad, en el que se enmarcará la elaboración de los presupuestos anuales y a través del cual se garantizará una programación presupuestaria coherente con los objetivos de estabilidad presupuestaria y de deuda pública y de conformidad con la regla de gasto.

13. Según el principio de plurianualidad, el plan presupuestario a medio plazo abarcará un periodo mínimo de:

a) Un año.

b) Dos años.

c) Tres años.

d) Cuatro años.

14. En aplicación del principio de transparencia, las Comunidades Autónomas y Corporaciones Locales remitirán al Ministerio competente en Hacienda información sobre las líneas fundamentales que contendrán sus Presupuestos, a efectos de dar cumplimiento a los requerimientos de la normativa europea.

a) Antes del 1 de marzo de cada año.
b) Antes del 1 de agosto de cada año.
c) Antes del 1 de octubre de cada año.
d) Antes del 1 de noviembre de cada año.

15. Las estimaciones de los distintos recursos económicos a liquidar durante el ejercicio figurarán:

a) En los estados de gastos del presupuesto general.
b) En los estados de ingresos del presupuesto general.
c) En los estados de gastos y de ingresos del presupuesto general.
d) Ninguna de las respuestas anteriores es correcta.

En MADTEST tienes **más preguntas de este tema**, y todos tus avances quedan registrados y se reflejan en el ranking.

¡Supera tus límites con MADTEST!

Solución al test n.º 21

1. b) Son la expresión cifrada, conjunta y sistemática de los derechos y obligaciones a liquidar durante el ejercicio por cada uno de los órganos y entidades que forman parte del sector público estatal.

2. c) El ejercicio presupuestario coincidirá con el año natural y a él se imputarán los derechos liquidados en el ejercicio, cualquiera que sea el período de que deriven, y las obligaciones reconocidas durante el ejercicio.

3. c) Es una excepción al principio de anualidad.

4. a) Arrendamientos de bienes muebles.

5. d) Las respuestas a) y c) son correctas.

6. b) A través del procedimiento previsto en el artículo 167 CE.

7. c) El principio de estabilidad presupuestaria.

8. b) El Estado y las Comunidades Autónomas no podrán incurrir en un déficit estructural que supere los márgenes establecidos, en su caso, por la Unión Europea para sus Estados miembros. Una ley orgánica fijará el déficit estructural máximo permitido al Estado y a las Comunidades Autónomas, en relación con su producto interior bruto. Las Entidades Locales deberán presentar equilibrio presupuestario.

9. c) Los créditos para satisfacer los intereses y el capital de la deuda pública de las Administraciones se entenderán siempre incluidos en el estado de gastos de sus presupuestos y su pago gozará de prioridad absoluta. Estos créditos no podrán ser objeto de enmienda o modificación, mientras se ajusten a las condiciones de la ley de emisión.

10. a) No, las Corporaciones Locales deberán mantener una posición de equilibrio o superávit presupuestario.

11. d) 3 %.

12. b) Es compatible con el principio de anualidad por el que se rigen la aprobación y ejecución de los Presupuestos.

13. c) Tres años.

14. c) Antes del 1 de octubre de cada año.

15. b) En los estados de ingresos del presupuesto general.

La Función pública local y su organización: ideas generales. Concepto de funcionario. Clases. El personal laboral al servicio de las Entidades locales. Régimen jurídico. Personal eventual. Derechos y deberes de los Funcionarios públicos locales. Régimen disciplinario. Derecho de sindicación. La Función Pública en Andalucía

1. De conformidad con el artículo 103.1 de la Constitución Española, la actuación de la Administración pública se orienta al servicio de los intereses generales y se somete a determinados principios. A la vista de dicho precepto, ¿cuál de los siguientes conjuntos recoge correctamente algunos de esos principios expresamente previstos en la Constitución?

a) Eficacia, jerarquía, descentralización, desconcentración y coordinación.
b) Seguridad jurídica, responsabilidad patrimonial y publicidad normativa.
c) Igualdad material, tutela judicial efectiva y legalidad penal.
d) Transparencia, participación ciudadana y buena administración.

2. El artículo 23.2 de la Constitución Española reconoce el derecho de acceso a las funciones públicas. Desde la perspectiva de su contenido y alcance, ¿qué afirmación resulta más ajustada?

a) Garantiza un resultado igualitario en el acceso.
b) Exige la homogeneidad de sistemas selectivos en todas las Administraciones.
c) Reconoce una preferencia basada en la experiencia previa.
d) Asegura el acceso en condiciones de igualdad, condicionado a los requisitos establecidos por la ley.

3. La previsión del artículo 103.3 de la Constitución Española en relación con el estatuto de los funcionarios públicos determina una técnica normativa específica. ¿Qué consecuencia jurídica se deriva de dicha previsión?

a) Permite el desarrollo reglamentario independiente.
b) Habilita a cada Administración para establecer su régimen completo.
c) Remite la regulación a la negociación colectiva.
d) Establece una reserva de ley en materia estatutaria funcionarial.

4. En el marco del artículo 149.1 de la Constitución Española, la fijación de las bases del régimen estatutario de los funcionarios públicos corresponde al Estado en virtud de:

a) La competencia sobre legislación laboral.
b) La competencia sobre Hacienda general.
c) La competencia sobre régimen jurídico de las Administraciones públicas.
d) La competencia sobre planificación económica.

5. El artículo 2 del TREBEP delimita su ámbito de aplicación. A la vista de dicho precepto, ¿qué interpretación resulta correcta?

a) Se aplica únicamente al personal funcionario.
b) Comprende al conjunto del personal al servicio de las Administraciones públicas, incluyendo funcionarios, personal laboral y, en su caso, personal eventual.
c) Tiene carácter supletorio en las entidades locales.
d) Se limita a la Administración General del Estado.

6. El artículo 8 del TREBEP establece la clasificación de empleados públicos. ¿Cuál de las siguientes opciones reproduce correctamente dicha clasificación legal?

a) Funcionarios de carrera, funcionarios interinos, personal laboral y personal eventual.
b) Funcionarios, personal directivo y personal laboral.
c) Funcionarios interinos, personal laboral y personal estatutario.
d) Funcionarios de carrera, personal eventual y altos cargos.

7. En el ámbito de la Administración local, la plantilla de personal se integra en el presupuesto conforme a la normativa de régimen local. ¿Qué afirmación describe mejor su naturaleza jurídica?

a) Constituye un instrumento cualitativo de ordenación de puestos.
b) Se configura como un documento cuantitativo que refleja plazas y dotación presupuestaria, aprobado por el Pleno junto con el presupuesto.
c) Actúa como sistema de provisión de puestos.
d) Tiene carácter reglamentario autónomo.

8. La relación de puestos de trabajo (RPT), como instrumento de ordenación del personal, presenta un contenido específico en la normativa básica. ¿Cuál de las siguientes afirmaciones refleja correctamente dicho contenido?

a) Se limita al número de plazas.
b) Sustituye a la plantilla.
c) Carece de efectos organizativos.
d) Define las características esenciales de cada puesto, incluyendo funciones y requisitos.

9. El artículo 70 del TREBEP configura la oferta de empleo público como un instrumento de planificación. ¿Qué elemento resulta esencial para su correcta comprensión jurídica?

a) Constituye un acto de nombramiento directo.
b) Determina la carrera profesional del personal existente.
c) Identifica necesidades de personal con cobertura presupuestaria cuya provisión requiere incorporación de nuevo personal.
d) Carece de efectos vinculantes.

10. En relación con la ejecución de la oferta de empleo público, el artículo 70 del TREBEP establece un límite temporal. ¿Cuál es la interpretación correcta?

a) Debe ejecutarse en el ejercicio presupuestario correspondiente.
b) Puede ejecutarse sin límite temporal.
c) Se fija reglamentariamente por cada Administración.
d) Debe ejecutarse en el plazo máximo de tres años desde su aprobación.

11. El artículo 9 del TREBEP define al funcionario de carrera. Desde la perspectiva de dicha definición, ¿qué elemento resulta determinante?

a) La existencia de una relación contractual.
b) La prestación temporal de servicios.
c) La sujeción a una relación estatutaria de Derecho público.
d) El desempeño de funciones de confianza.

12. La estabilidad en la condición de funcionario de carrera debe interpretarse conforme al sistema previsto en el TREBEP. ¿Qué afirmación se ajusta mejor a dicha configuración?

a) Garantiza la permanencia en un puesto concreto.
b) Impide cualquier movilidad administrativa.
c) Excluye la imposición de sanciones disciplinarias.
d) Determina la permanencia en la condición funcionarial mientras no concurra causa legal de pérdida de la misma.

13. El artículo 10 del TREBEP regula los supuestos de nombramiento de funcionarios interinos. ¿Cuál de los siguientes encaja en dicha previsión normativa?

a) La cobertura temporal de vacantes cuando no sea posible su provisión inmediata por funcionarios de carrera.
b) La provisión definitiva de puestos estructurales.
c) El desempeño de funciones propias del personal eventual.
d) La cobertura de puestos mediante libre designación.

14. En relación con la duración de la interinidad por vacante prevista en el artículo 10 del TREBEP, y teniendo en cuenta su redacción tras las reformas orientadas a la reducción de la temporalidad en el empleo público, ¿qué afirmación resulta más ajustada a la normativa vigente?

a) La duración de la interinidad se determina en cada caso por la Administración atendiendo a sus necesidades organizativas.

b) La interinidad puede mantenerse hasta la cobertura definitiva del puesto sin condicionantes adicionales.

c) La duración de la interinidad queda vinculada al tiempo necesario para la tramitación del correspondiente proceso selectivo.

d) La permanencia en situación de interinidad por vacante se encuentra sujeta a un plazo máximo, transcurrido el cual deben adoptarse medidas conforme a la normativa básica.

15. El artículo 9.2 del TREBEP reserva determinadas funciones a los funcionarios públicos. ¿Cuál de las siguientes opciones refleja correctamente dicha reserva?

a) Funciones de apoyo administrativo ordinario.

b) Funciones técnicas especializadas.

c) Funciones vinculadas al ejercicio de potestades públicas o a la salvaguarda de los intereses generales.

d) Funciones de asesoramiento político.

En MADTEST tienes **más preguntas de este tema**, y todos tus avances quedan registrados y se reflejan en el ranking.

¡Supera tus límites con MADTEST!

Solución al test n.º 22

1. a) Eficacia, jerarquía, descentralización, desconcentración y coordinación.

2. d) Asegura el acceso en condiciones de igualdad, condicionado a los requisitos establecidos por la ley.

3. d) Establece una reserva de ley en materia estatutaria funcionarial.

4. c) La competencia sobre régimen jurídico de las Administraciones públicas.

5. b) Comprende al conjunto del personal al servicio de las Administraciones públicas, incluyendo funcionarios, personal laboral y, en su caso, personal eventual.

6. a) Funcionarios de carrera, funcionarios interinos, personal laboral y personal eventual.

7. b) Se configura como un documento cuantitativo que refleja plazas y dotación presupuestaria, aprobado por el Pleno junto con el presupuesto.

8. d) Define las características esenciales de cada puesto, incluyendo funciones y requisitos.

9. c) Identifica necesidades de personal con cobertura presupuestaria cuya provisión requiere incorporación de nuevo personal.

10. d) Debe ejecutarse en el plazo máximo de tres años desde su aprobación.

11. c) La sujeción a una relación estatutaria de Derecho público.

12. d) Determina la permanencia en la condición funcionarial mientras no concurra causa legal de pérdida de la misma.

13. a) La cobertura temporal de vacantes cuando no sea posible su provisión inmediata por funcionarios de carrera.

14. d) La permanencia en situación de interinidad por vacante se encuentra sujeta a un plazo máximo, transcurrido el cual deben adoptarse medidas conforme a la normativa básica.

15. c) Funciones vinculadas al ejercicio de potestades públicas o a la salvaguarda de los intereses generales.

Los Bienes de las Entidades locales: concepto, clases. Bienes de dominio público local. Bienes patrimoniales locales, enajenación, cesión y utilización

1. Según la Ley del Patrimonio de las Administraciones Públicas, el patrimonio de las Administraciones Públicas está constituido por:

a) El conjunto de bienes y derechos, cualquiera que sea su naturaleza y el título de su adquisición.
b) El dinero.
c) Los valores.
d) Los créditos y los demás recursos financieros de su hacienda.

2. Por razón del régimen jurídico al que están sujetos, los bienes y derechos que integran el patrimonio de las Administraciones Públicas pueden ser:

a) De dominio público o patrimoniales y de dominio privado.
b) De dominio público y de dominio privado o demaniales.
c) De dominio público y de dominio privado.
d) Demaniales y comunales.

3. Tienen la consideración de bienes comunales:

a) Aquellos cuyo aprovechamiento corresponda al común de los vecinos.
b) Aquellos cuyo aprovechamiento corresponda al común de los ciudadanos.
c) Aquellos cuyo aprovechamiento corresponda al común de los residentes.
d) Los destinados a un uso o servicio público.

4. Los bienes comunales solo podrán pertenecer:

a) Al municipio.
b) Al municipio y a las Entidades Locales Menores.
c) Al municipio y a la provincia.
d) Al patrimonio del Estado.

5. Según el artículo 132 de la Constitución Española, los bienes de dominio público:

a) Se inspiran en los principios de inalienabilidad, imprescriptibilidad e inembargabilidad.
b) Se encuentran inspirados en los principios de preferencia, dominio y generalidad.

c) Se ajustan a los principios de desafectación e inalienabilidad.

d) Se inspiran en los principios de no sujeción a tributo alguno e inembargabilidad.

6. De conformidad con el artículo 6 de la Ley del Patrimonio de las Administraciones Públicas no es un principio al que se ajusta la gestión y administración de los bienes y derechos demaniales:

a) Dedicación preferente al uso común frente a su uso privativo.

b) Simplicidad y máxima celeridad.

c) Identificación y control a través de inventarios o registros adecuados.

d) Cooperación y colaboración entre las Administraciones Públicas en el ejercicio de sus competencias sobre el dominio público.

7. Son bienes de uso público local:

a) Las aguas de fuentes y estanques.

b) Los puentes y demás obras públicas de aprovechamiento.

c) Las Casas Consistoriales.

d) Las respuestas a) y b) son correctas.

8. Son bienes de servicio público:

a) Los Palacios Provinciales.

b) Los destinados al cumplimiento de fines públicos de responsabilidad de las Entidades Locales.

c) Las plazas, calles, paseos.

d) Las respuestas a) y b) son correctas.

9. Las Administraciones Públicas no podrán adquirir bienes y derechos:

a) Por herencia, legado o donación.

b) Por prescripción.

c) Por usurpación.

d) Por atribución de la ley.

10. Cuando un Ayuntamiento adquiera un bien a título oneroso se exigirá:

a) Informe previo pericial y acuerdo de la Corporación si se trata de valores mobiliarios.

b) Informe previo del órgano estatal o autonómico competente si se trata de bienes de carácter histórico y artístico, y excedan del 1 por 100 de los recursos ordinarios del Presupuesto de la Corporación.

c) Autorización de la Comunidad Autónoma respectiva si se trata de bienes inmuebles.

d) Ninguna respuesta es correcta.

11. El uso común de los bienes de dominio público puede ser:

a) Uso normal si fuere conforme con el destino del dominio público.

b) Uso anormal si no fuere conforme con dicho destino.

c) Especial, que se da cuando concurren circunstancias singulares por la peligrosidad o intensidad del uso.

d) Uso privativo.

12. El uso privativo de un bien de dominio público implica:

a) La ocupación de la totalidad del dominio público de modo que limite o excluya la utilización de los demás interesados.

b) La ocupación perpetua de una parte del dominio público de moco que limite o excluya la utilización de los demás interesados.

c) La ocupación de una parte del dominio público de modo que limite o excluya la utilización de los demás interesados.

d) La ocupación de una parte del dominio público siempre que los demás puedan seguir utilizándolo.

13. ¿Se pueden enajenar los bienes de dominio público?

a) Sí.

b) Es necesario que, previamente, se desafecten del uso o servicio público mediante el oportuno expediente de alteración de su calificación jurídica.

c) Los bienes de dominio público son inalienables.

d) Las respuestas b) y c) son correctas.

14. La alteración de la calificación jurídica de los bienes de las Entidades Locales requiere expediente en el que se acrediten:

a) Su oportunidad.

b) Su legalidad.

c) Su oportunidad y legalidad.

d) La conveniencia de la alteración.

15. La alteración de la calificación jurídica de los bienes de las Entidades Locales se produce automáticamente en el siguiente supuesto:

a) Cuando la Entidad adquiera por usucapión, con arreglo al Derecho Administrativo, el dominio de una cosa.

b) Adscripción de bienes patrimoniales por más de treinta años a un uso o servicio público o comunal.

c) Aprobación definitiva de los Planes de Ordenación Urbana y de los Proyectos de obras y servicios.

d) Adscripción de bienes patrimoniales por más de cinco años a un uso o servicio público o comunal.

En MADTEST tienes **más preguntas de este tema**, y todos tus avances quedan registrados y se reflejan en el ranking.

¡Supera tus límites con MADTEST!

Solución al test n.º 23

1. a) El conjunto de bienes y derechos, cualquiera que sea su naturaleza y el título de su adquisición.

2. c) De dominio público y de dominio privado.

3. a) Aquellos cuyo aprovechamiento corresponda al común de los vecinos.

4. b) Al municipio y a las Entidades Locales Menores.

5. a) Se inspiran en los principios de inalienabilidad, imprescriptibilidad e inembargabilidad.

6. b) Simplicidad y máxima celeridad.

7. d) Las respuestas a) y b) son correctas.

8. d) Las respuestas a) y b) son correctas.

9. c) Por usurpación.

10. b) Informe previo del órgano estatal o autonómico competente si se trata de bienes de carácter histórico y artístico, y excedan del 1 por 100 de los recursos ordinarios del Presupuesto de la Corporación.

11. c) Especial, que se da cuando concurren circunstancias singulares por la peligrosidad o intensidad del uso.

12. c) La ocupación de una parte del dominio público de modo que limite o excluya la utilización de los demás interesados.

13. d) La respuesta b) y c) son correctas.

14. c) Su oportunidad y legalidad.

15. c) Aprobación definitiva de los Planes de Ordenación Urbana y de los Proyectos de obras y servicios.

Los Contratos del Sector Público. Clases. Especial regulación en el ámbito local: Competencias en materia de contratación en las Entidades Locales. Normas específicas de contratación pública en las Entidades Locales

1. Están incluidos en el ámbito de la Ley de Contratos del Sector Público:

a) La relación de servicio de los funcionarios públicos y los contratos regulados en la legislación laboral.

b) Las relaciones jurídicas consistentes en la prestación de un servicio público cuya utilización por los usuarios requiera el abono de una tarifa, tasa o precio público de aplicación general.

c) Los contratos relativos a servicios de arbitraje y conciliación.

d) Los contratos onerosos, cualquiera que sea su naturaleza jurídica, que celebren las Mutuas de Accidentes de Trabajo y Enfermedades Profesionales de la Seguridad Social.

2. Los contratos que tienen por objeto la adquisición, el arrendamiento financiero, o el arrendamiento, con o sin opción de compra, de productos o bienes muebles, son:

a) Contratos de servicios.

b) Contratos de suministro.

c) Contratos de obras.

d) Contratos de gestión de servicios públicos.

3. No se consideran contratos de suministros:

a) Aquellos en los que el empresario se obligue a entregar una pluralidad de bienes de forma sucesiva y por precio unitario sin que la cuantía total se defina con exactitud al tiempo de celebrar el contrato, por estar subordinadas las entregas a las necesidades del adquirente.

b) Los que tengan por objeto la adquisición y el arrendamiento de equipos y sistemas de telecomunicaciones o para el tratamiento de la información, sus dispositivos y programas, y la cesión del derecho de uso de estos últimos.

c) Los de adquisición de programas de ordenador desarrollados a medida.

d) Los de fabricación, por los que la cosa o cosas que hayan de ser entregadas por el empresario deban ser elaboradas con arreglo a características peculiares fijadas previamente por la entidad contratante, aun cuando esta se obligue a aportar, total o parcialmente, los materiales precisos.

4. Están sujetos a regulación armonizada los contratos de obras y los contratos de concesión de obras públicas cuyo valor estimado sea igual o superior a:

a) 5.404.000 euros.
b) 6.581.000 euros.
c) 8.615.000 euros.
d) 1.861.000 euros.

5. Están sujetos a regulación armonizada los contratos de suministro adjudicados por la Administración General del Estado, sus organismos autónomos, o las Entidades Gestoras y Servicios Comunes de la Seguridad Social, cuyo valor estimado sea igual o superior a:

a) 5.404.000 euros.
b) 140.000 euros.
c) 216.000 euros.
d) 80.000 euros.

6. De los siguientes, son contratos privados los contratos celebrados por una Administración Pública que tengan por objeto:

a) La suscripción a revistas, publicaciones periódicas y bases de datos.
b) La concesión de servicios públicos.
c) Los contratos de colaboración entre el sector público y el sector privado.
d) La adquisición de suministros.

7. Conforme al artículo 1.3 de la Ley 9/2017, siempre que guarde relación con el objeto del contrato, en toda contratación pública se incorporarán de manera transversal y preceptiva criterios sociales y:

a) Divulgativos.
b) Comunitarios.
c) Medioambientales.
d) Judiciales.

8. Conforme al artículo 3.4 de la Ley 9/2017, los partidos políticos, cuando cumplan los requisitos para ser poder adjudicador y respecto de los contratos sujetos a regulación armonizada, deberán actuar conforme a los principios de publicidad, concurrencia, transparencia, igualdad y:

a) No discriminación.
b) Eficacia.
c) Sometimiento a las leyes.
d) Legitimidad.

9. En virtud de la Ley 9/2017 (art. 6.1.a), se presumirá que las entidades intervinientes en un convenio tienen vocación de mercado cuando realicen en el mercado abierto un porcentaje de las actividades objeto de colaboración igual o superior a:

a) El 10%.
b) El 20%.
c) El 50%.
d) El 30%.

10. Un conjunto de trabajos de construcción o de ingeniería civil, destinado a cumplir por sí mismo una función económica o técnica, que tenga por objeto un bien inmueble, es denominado por la Ley 9/2017:

a) Una infraestructura.
b) Patrimonio material.
c) Una obra.
d) Un servicio público.

11. En un contrato de concesión de obras, cuando no esté garantizado que, en condiciones normales de funcionamiento, el concesionario vaya a recuperar las inversiones realizadas ni a cubrir los costes en que hubiera incurrido como consecuencia de la explotación de las obras que sean objeto de la concesión, se considerará que el mismo asume un riesgo:

a) Operacional.
b) Virtual.
c) General.
d) Provisional.

12. Los contratos que tengan por objeto la adquisición de energía primaria o energía transformada se consideran:

a) Contratos de concesión de servicios.
b) Contratos de suministros.
c) Contratos privados.
d) Contratos de servicios.

13. Deberá elaborarse un proyecto y tramitarse como la Ley 9/2017 dispone para los contratos de obras, el contrato mixto en que un elemento del contrato sea una obra y esta supere:

a) Los 50.000 euros.
b) Los 100.000 euros.
c) Los 5.000 euros.
d) Los 10.000 euros.

14. No podrán ser objeto de los contratos de servicios:

a) Los que impliquen ejercicio de la autoridad inherente a los poderes públicos.

b) Los que impliquen el desarrollo o mantenimiento de aplicaciones informáticas.

c) Los que tengan por objeto el desarrollo y la puesta a disposición de productos protegidos por un derecho de propiedad intelectual o industrial.

d) Los que tengan por objeto la prestación de actividades docentes en centros del sector público desarrolladas en forma de cursos de formación o perfeccionamiento del personal al servicio de la Administración.

15. Señalar la opción incorrecta. Algunos contratos de las Administraciones Públicas tienen naturaleza administrativa especial por:

a) Por estar vinculados al giro o tráfico específico de la Administración contratante.

b) Por satisfacer de forma directa o inmediata una finalidad pública de la específica competencia de aquella.

c) Por declararlo así una ley.

d) Por estar sometidos al derecho privado.

En MADTEST tienes **más preguntas de este tema**, y todos tus avances quedan registrados y se reflejan en el ranking.

¡Supera tus límites con MADTEST!

Solución al test n.º 24

1. d) Los contratos onerosos, cualquiera que sea su naturaleza jurídica, que celebren las Mutuas de Accidentes de Trabajo y Enfermedades Profesionales de la Seguridad Social.

2. b) Contratos de suministro.

3. c) Los de adquisición de programas de ordenador desarrollados a medida.

4. a) 5.404.000 euros.

5. b) 140.000 euros.

6. a) La suscripción a revistas, publicaciones periódicas y bases de datos.

7. c) Medioambientales.

8. a) No discriminación.

9. b) El 20%.

10. c) Una obra.

11. a) Operacional.

12. b) Contratos de suministros.

13. a) Los 50.000 euros.

14. a) Los que impliquen ejercicio de la autoridad inherente a los poderes públicos.

15. d) Por estar sometidos al derecho privado.

Formas de la acción administrativa: Fomento. Policía. Servicio Público. Clasificación. Procedimiento de concesión de licencias: concepto y caracteres. Actividades sometidas a licencia. Procedimiento. Efectos. La responsabilidad de la Administración

1. Las Entidades Locales podrán intervenir la actividad de los ciudadanos a través de los siguientes medios:

a) Sometimiento a comunicación previa o a declaración responsable.
b) Órdenes individuales constitutivas de mandato para la ejecución de un acto o la prohibición del mismo.
c) Sometimiento a previa licencia y otros actos de control preventivo.
d) Todas son correctas.

2. Podrá exigirse una licencia u otro medio de control preventivo respecto a aquellas actividades económicas:

a) Cuando esté justificado por razones de orden público.
b) Cuando esté justificado por razones de seguridad nacional.
c) Cuando esté justificado por razones de salud pública.
d) Las respuestas a) y c) son correctas.

3. Se entenderá por declaración responsable:

a) Aquel documento mediante el que los interesados ponen en conocimiento de la Administración Pública competente sus datos identificativos o cualquier otro dato relevante para el inicio de una actividad o el ejercicio de un derecho.
b) El documento suscrito por un interesado en el que este manifiesta, bajo su responsabilidad, que cumple con los requisitos establecidos en la normativa vigente para obtener el reconocimiento de un derecho o facultad o para su ejercicio.
c) El documento suscrito por un interesado en el que este manifiesta, bajo su responsabilidad, que ha adquirido todos los derechos necesarios para el ejercicio de una actividad.
d) El documento suscrito por un interesado en el que este manifiesta, bajo su responsabilidad, que ya ha pasado todos los controles exigidos en la normativa para el ejercicio de una actividad.

4. Determinará la imposibilidad de continuar con el ejercicio del derecho o actividad afectada por una declaración responsable desde el momento en que se tenga constancia de:

a) La inexactitud, falsedad u omisión de cualquier dato o información.
b) La inexactitud, de carácter esencial, de cualquier dato o información.
c) La omisión de cualquier dato o información de carácter esencial.
d) Las respuestas b) y c) son correctas.

5. No serán transmisibles:

a) Las licencias relativas a las condiciones de una obra.
b) Las licencias concernientes al ejercicio de actividades sobre bienes de dominio público.
c) Las licencias relativas a las condiciones de una instalación.
d) Las licencias cuando el número de las otorgables fuere limitado.

6. Las solicitudes de licencias municipales, según establece el artículo 9 del Reglamento de Servicios de Corporaciones Locales:

a) Deberá acompañarse proyecto técnico con ejemplares para cada uno de los organismos que hubieren de informar la petición, si se refieren al ejercicio de actividades.
b) Se presentarán en el Registro General del Estado.
c) Se presentarán por triplicado.
d) Deberá acompañarse proyecto técnico con ejemplares para cada uno de los organismos que hubieren de informar la petición, si se refieren a ejecución de obras o instalaciones.

7. En relación con los organismos autónomos locales, establece el artículo 85 bis de la Ley 7/1985:

a) El titular del máximo órgano de dirección de los mismos deberá ser un funcionario de carrera o laboral de las Administraciones Públicas.
b) Su creación, modificación, refundición y supresión corresponderá a la Junta de Gobierno de la Entidad Local.
c) Deberá existir un consejo de orden consultivo.
d) Su inventario de bienes y derechos se remitirá mensualmente a la concejalía, área u órgano equivalente de la Entidad Local.

8. La Ley de Bases de Régimen Local no recoge la declaración de reserva en favor de las Entidades Locales del siguiente servicio:

a) Aprovechamiento de residuos.
b) Matadero.
c) Abastecimiento domiciliario y depuración de aguas.
d) Transporte público de viajeros.

9. El derecho a ser indemnizados por toda lesión que sufran en sus bienes y derechos como consecuencia del funcionamiento normal o anormal de los servicios públicos se reconoce a:

a) Los particulares.
b) Las personas jurídicas.
c) Los ciudadanos.
d) Las Administraciones.

10. ¿Cómo ha de ser el daño alegado en las reclamaciones de responsabilidad patrimonial?

a) Efectivo, evaluable económicamente e individualizado con relación con una persona o grupo de personas.
b) Directo y resarcible.
c) Susceptible de valoración y demostrable.
d) Debe producir consecuencias negativas en la actividad de la persona dañada.

11. No serán indemnizables los daños:

a) Que el particular no tenga el deber jurídico de soportar de acuerdo con la ley.
b) Producidos por fuerza mayor.
c) Producidos por circunstancias evitables.
d) Producidos por un hecho superable.

12. Si el daño que ha sufrido el particular se ha producido por dolo, culpa o negligencia grave de la autoridad o empleado público:

a) La Administración correspondiente, cuando hubiere indemnizado a los lesionados, les exigirá de oficio en vía administrativa la responsabilidad en que hubieran incurrido.
b) Una vez satisfecha la indemnización la Administración podrá exigir al empleado público su responsabilidad.
c) La Administración correspondiente le pedirá el dinero para después pagar al reclamante.
d) La Administración no exigirá al empleado público su responsabilidad.

13. En el régimen del Reglamento de Servicios de las Corporaciones Locales, el plazo que tiene la Comisión Provincial de Urbanismo, u órgano equivalente de la Comunidad Autónoma, para decidir sobre una licencia una vez que se ha denunciado la mora ante la misma es de:

a) Seis meses.
b) Diez días.
c) Dos meses.
d) Un mes.

14. Una licencia de obra menor, en el régimen del Reglamento de Servicios de las Corporaciones Locales, debe otorgarse en el plazo de:

a) Un día.
b) Un mes.
c) Dos meses.
d) Seis meses, si es actividad molesta.

15. En materia de licencias, en el régimen del Reglamento de Servicios de las Corporaciones Locales, para subsanar deficiencias, debe concederse al particular un plazo de:

a) Ocho días.
b) Diez días.
c) Quince días.
d) Veinte días.

En MADTEST tienes **más preguntas de este tema**, y todos tus avances quedan registrados y se reflejan en el ranking.

¡Supera tus límites con MADTEST!

Solución al test n.º 25

1. d) Todas son correctas.

2. d) Las respuestas a) y c) son correctas.

3. b) El documento suscrito por un interesado en el que este manifiesta, bajo su responsabilidad, que cumple con los requisitos establecidos en la normativa vigente para obtener el reconocimiento de un derecho o facultad o para su ejercicio.

4. d) Las respuestas b) y c) son correctas.

5. d) Las licencias cuando el número de las otorgables fuere limitado.

6. d) Deberá acompañarse proyecto técnico con ejemplares para cada uno de los organismos que hubieren de informar la petición, si se refieren a ejecución de obras o instalaciones.

7. a) El titular del máximo órgano de dirección de los mismos deberá ser un funcionario de carrera o laboral de las Administraciones Públicas.

8. b) Matadero.

9. a) Los particulares.

10. a) Efectivo, evaluable económicamente e individualizado con relación con una persona o grupo de personas.

11. b) Producidos por fuerza mayor.

12. a) La Administración correspondiente, cuando hubiere indemnizado a los lesionados, les exigirá de oficio en vía administrativa la responsabilidad en que hubieran incurrido.

13. d) Un mes.

14. b) Un mes.

15. c) Quince días.

La ley 19/2013, de 9 de Diciembre, de transparencia, acceso a la información pública y buen gobierno. Publicidad activa. Derecho de acceso a la información pública. Ejercicio del derecho de acceso a la información pública y límites al derecho de acceso. Referencia a la ley 1/2014, de 24 de junio, de transparencia publica de Andalucía

1. La cualidad que permite y facilita el acceso de los ciudadanos a la información pública en poder de la Administración dentro de los límites establecidos por la legislación vigente, se conoce como:

a) Accesibilidad.
b) Transparencia.
c) Objetividad.
d) Buen gobierno.

2. En el Capítulo I del Título I: "Transparencia de la actividad pública" de la Ley 19/2013, concretamente en el art. 3, se señala que serán objeto de aplicación de las disposiciones las entidades privadas:

a) En cuyo capital social la participación, directa o indirecta, sea superior al 50 por 100.
b) Que perciban durante el período de un año ayudas o subvenciones públicas en una cuantía superior a 100.000 euros o cuando al menos el 40 % del total de sus ingresos anuales tengan carácter de ayuda o subvención pública, siempre que alcancen como mínimo la cantidad de 5.000 euros.
c) Con personalidad jurídica propia, vinculadas a cualquiera de las Administraciones Públicas o dependientes de ellas.
d) Que tengan atribuidas funciones de regulación o supervisión de carácter externo sobre un determinado sector o actividad.

3. En el ámbito de la Administración General del Estado, ¿a quién corresponde la evaluación del cumplimiento de los planes y programas anuales y plurianuales que las administraciones públicas deben publicar?

a) Ministerio para la Transformación Digital y de la Función Pública.
b) Tribunal de Cuentas.
c) Instituto Nacional para las Administraciones Públicas (INAP).
d) Inspecciones Generales de Servicios.

4. ¿Qué título de la Ley 19/2013 regula todo lo relativo a la "Transparencia de la actividad pública"?

a) Título I.
b) Título II.
c) Título III.
d) Título IV.

5. El cumplimiento de las obligaciones derivadas de la Ley 19/2013, de 9 de diciembre, de transparencia, acceso a la información pública y buen gobierno, podrá realizarse utilizando los medios electrónicos puestos a su disposición por la Administración Pública de la que provenga la mayor parte de las ayudas o subvenciones públicas percibidas cuando se trate de entidades sin ánimo de lucro que persigan exclusivamente fines de interés social o cultural y cuyo presupuesto sea inferior a:

a) 50.000 euros.
b) 100.000 euros.
c) 200.000 euros.
d) 250.000 euros.

6. Según lo previsto en el artículo 18 de la Ley 19/2013, de 9 de diciembre, de transparencia, acceso a la información pública y buen gobierno, se inadmitirán a trámite, mediante resolución motivada, las solicitudes de acceso a la información:

a) Relativas a los intereses económicos y turísticos.
b) Relativas a la garantía de la confidencialidad o el secreto requerido en procesos de toma de decisión.
c) Relativas a información para cuya divulgación sea necesaria una acción previa de reelaboración.
d) Relativas a infraestructuras críticas.

7. El acceso a la información pública requiere:

a) Solicitud previa.
b) Acreditación de la condición de interesado.
c) Motivación expresa.
d) La utilización de medios telemáticos.

8. Cuando la información pública solicitada no contuviera datos especialmente protegidos, el órgano al que se dirija la solicitud concederá el acceso previa .... suficientemente razonada del interés público en la divulgación de la información y los derechos de los afectados cuyos datos aparezcan en la información solicitada, en particular su derecho fundamental a la protección de datos de carácter personal. Señala la palabra que falta:

a) Catalogación.
b) Acreditación.

c) Ponderación.
d) Identificación.

9. El incumplimiento reiterado de la obligación de resolver en plazo procedimientos de acceso a la información pública:

a) Tendrá la consideración de infracción grave.
b) Tendrá la consideración de infracción muy grave.
c) Tendrá la consideración de infracción leve.
d) No tendrá la consideración de infracción.

10. Según el artículo 7 de la Ley 19/2013, de 9 de diciembre, de transparencia, acceso a la información pública y buen gobierno, relativo a la información de relevancia jurídica:

a) Las Administraciones Públicas, en el ámbito de sus competencias, publicarán los proyectos de Reglamento cuya iniciativa les corresponda.
b) Las Administraciones Públicas, en el ámbito de sus competencias, no publicarán los proyectos de Reglamento cuya iniciativa les corresponda.
c) Las Administraciones Públicas, en el ámbito de sus competencias, no podrán publicar los Anteproyectos de Ley hasta su aprobación.
d) Las Administraciones Públicas no podrán publicar los proyectos de Decretos Legislativos cuando se soliciten los dictámenes a los órganos consultivos.

11. La Ley 19/2013 destaca tres ejes fundamentales de toda acción política. Señala cuál de los siguientes no es correcto:

a) La transparencia.
b) El acceso a la información pública.
c) Las normas de buen gobierno.
d) Las incompatibilidades.

12. El título I de la Ley 19/2013 regula e incrementa la transparencia de la actividad de todos los sujetos que prestan servicios públicos o ejercen potestades administrativas mediante un conjunto de previsiones que se recogen en dos capítulos diferenciados y desde una doble perspectiva: el derecho de acceso a la información pública y:

a) Los conflictos de intereses.
b) La publicidad activa.
c) La austeridad.
d) Los principios de actuación.

13. Según la Ley 19/2013, de 9 de diciembre, de Transparencia, Acceso a la Información Pública y Buen Gobierno, el derecho de acceso podrá ser limitado cuando acceder a la información suponga un perjuicio para:

a) La seguridad pública.
b) La igualdad de las partes en los procesos judiciales y la tutela judicial efectiva.
c) La política económica y monetaria.
d) Todo lo anterior.

14. La motivación de una solicitud de acceso a la información, según la Ley 19/2013:

a) Es requisito ineludible para que se facilite la información.
b) Será causa de rechazo de la solicitud.
c) Las dos respuestas anteriores son ciertas.
d) Se deja a la decisión del solicitante.

15. La transparencia de la actividad pública, respecto a la casa de su Majestad el Rey:

a) No se aplica.
b) Se aplica en todas sus actividades.
c) Se aplica en sus actividades sujetas al Derecho Administrativo.
d) Se aplica solo en sus actividades de índole política.

En MADTEST tienes **más preguntas de este tema**, y todos tus avances quedan registrados y se reflejan en el ranking.

¡Supera tus límites con MADTEST!

Solución al test n.º 26

1. b) Transparencia.

2. b) Que perciban durante el período de un año ayudas o subvenciones públicas en una cuantía superior a 100.000 euros o cuando al menos el 40 % del total de sus ingresos anuales tengan carácter de ayuda o subvención pública, siempre que alcancen como mínimo la cantidad de 5.000 euros.

3. d) Inspecciones Generales de Servicios.

4. a) Título I.

5. a) 50.000 euros.

6. c) Relativas a información para cuya divulgación sea necesaria una acción previa de reelaboración.

7. a) Solicitud previa.

8. c) Ponderación.

9. a) Tendrá la consideración de infracción grave.

10. a) Las Administraciones Públicas, en el ámbito de sus competencias, publicarán los proyectos de Reglamento cuya iniciativa les corresponda.

11. d) Las incompatibilidades.

12. b) La publicidad activa.

13. d) Todo lo anterior.

14. d) Se deja a la decisión del solicitante.

15. c) Se aplica en sus actividades sujetas al Derecho Administrativo.

Informática básica: conceptos fundamentales sobre hardware y software. Sistemas operativos (especial referencia a Windows). Sistemas ofimáticos. Procesadores de texto y hojas de cálculo (especial referencia a Microsoft Word y Excel). Internet, Portal interno y correo electrónico

1. ¿Cuál es la combinación de teclas en Word 365 que sirve para moverse una celda a la izquierda de la actual?

a) Alt + Tab.
b) Flecha izquierda.
c) Tab.
d) Mayús + Tab.

2. ¿Cuál de las siguientes afirmaciones es correcta en Word 365?

a) El botón Combinar celdas solo estará activo si hay más de una celca seleccionada en la tabla.
b) El botón Combinar celdas solo estará activo si hay una celda seleccionada en la tabla.
c) El botón Combinar celdas solo estará activo si hay menos de cinco celdas seleccionadas en la tabla.
d) El botón Combinar celdas solo estará activo si hay más de tres celdas seleccionada en la tabla.

3. ¿Cuál de los siguientes valores es un tipo correcto para usar en una columna de Word 365?

a) Párrafo.
b) Fecha/Hora.
c) Número.
d) Booleano.

4. ¿Cuántas opciones de cambio de dirección de texto tenemos en Word 365?

a) 2.
b) 4.
c) 5.
d) 3.

5. Si tenemos el siguiente texto "CARLOS,TOJEIRO,ALCALÁ,20,47 €,CALLE REAL 25,15002,A CORUÑA" y usamos la utilidad de convertir texto en tabla, con separador de ",", ¿cuántas columnas y filas nos ofrecerá por defecto?

a) 8 columnas y 1 fila.
b) 1 columna y 8 filas.
c) 7 columnas y 1 fila.
d) 1 columna y 7 filas.

6. La combinación de teclas que crea un salto de línea manual es:

a) Control + Enter
b) Mayúsculas + Enter
c) Alt + Enter
d) Control + Alt + Enter

7. ¿Cuál de las siguientes es un ajuste válido del texto con respecto a una tabla en Word 365?

a) Alrededor.
b) Estrecho.
c) En línea con el texto.
d) Cuadrado.

8. ¿Cuántos tipos de tabulaciones, y de rellenos en ellas, hay en Word 365?

a) 4 y 4.
b) 4 y 3.
c) 5 y 4.
d) 5 y 3.

9. ¿Cuál de las siguientes opciones se corresponde con los saltos de sección correctos en Word 365?

a) Página Continua, De Página par, Página impar.
b) Página Siguiente, Columna, Página par, Página impar.
c) Página Siguiente, Continua, Página par, Página impar.
d) Página Siguiente, Continua, Columna, Ajuste de texto.

10. Indica cuál no es una opción válida de los tipos de efectos de texto en Word 365?

a) Tachado.
b) Cursiva.
c) Relieve.
d) Sombra.

11. En Word 365 hay varios tipos de SmartArt, ¿cuál de los indicados a continuación no es uno de ellos?

a) Ciclo.
b) Círculo.
c) Matriz.
d) Pirámide.

12. En Word 365, cuando insertamos una tabla, ¿cuál de las siguientes opciones no es un valor del autoajuste correcta?

a) Ancho de columna fijo.
b) Autoajustar al contenido.
c) Ancho de columna automático.
d) Autoajustar a la ventana.

13. La carta modelo en un proceso de combinar correspondencia de Word:

a) Tendrá la tabla de datos para combinar.
b) No tendrá los campos de combinación.
c) Incluirá el texto que no varía.
d) Tendrá tantas hojas como datos se combinen.

14. El método más rápido para acceder a las opciones de la cinta de opciones de Word 365 es hacer un clic con el ratón sobre ellas; si queremos acceder a las distintas opciones de los paneles y menús a partir del teclado, podemos pulsar la tecla:

a) F1.
b) Shift.
c) Ctrl.
d) Alt.

15. La combinación de teclas para la alineación centrada es:

a) Ctrl + T
b) Ctrl + Q
c) Ctrl + J
d) Ctrl + Alt + C

En MADTEST tienes **más preguntas de este tema**, y todos tus avances quedan registrados y se reflejan en el ranking.

¡Supera tus límites con MADTEST!

Solución al test n.º 27

1. d) Mayús + Tab.

2. a) El botón Combinar celdas solo estará activo si hay más de una celda seleccionada en la tabla.

3. c) Número.

4. d) 3.

5. a) 8 columnas y 1 fila.

6. b) Mayúsculas + Enter

7. a) Alrededor.

8. c) 5 y 4.

9. c) Página Siguiente, Continua, Página par, Página impar.

10. b) Cursiva.

11. b) Círculo.

12. c) Ancho de columna automático.

13. c) Incluirá el texto que no varía.

14. d) Alt.

15. a) Ctrl + T

Cómo acceder al Curso

Auxiliar de Administración General
Test del temario

El uso de los códigos **es exclusivo de los compradores de los productos de Editorial MAD**. Cada producto posee un código único y de un solo uso. Es personal e intransferible y da acceso a servicios y contenidos adicionales. Editorial MAD se reserva el derecho de hacer cuantas comprobaciones sean necesarias para identificar al legítimo poseedor del código y dejar de dar servicio a quien haga uso fraudulento del mismo, además de emprender cuantas acciones legales estime oportunas según la legislación vigente.

Deberás acceder a:

mad.es/registro-campus

Si una vez aceptadas las condiciones de uso del Campus decides hacer uso del mismo, necesitarás del siguiente código de acceso junto con los códigos del resto de títulos que se exigen (si fuera el caso):

F7DCLNP68W